AF260283

MÉMOIRE

SUR UN

CIMETIÈRE CELTIQUE

découvert à Beaugency

Par A. DU FAUR Vᵗᵉ DE PIBRAC,

Ancien élève de l'École Polytechnique, membre de la Société des Sciences d'Orléans,
de l'Académie des Inscriptions et Belles-Lettres de Toulouse,
et de la Société Archéologique du midi de la France.

Extrait des Mémoires de la Société d'Agriculture, Sciences, Belles-Lettres
et Arts d'Orléans.

ORLÉANS,

IMPRIMERIE DE PAGNERRE, RUE VIEILLE-POTERIE, 9.

1860.

MÉMOIRE

SUR

UN CIMETIÈRE CELTIQUE

DÉCOUVERT A BEAUGENCY.

———

Depuis quelque temps, le sol de l'Orléanais semble s'entr'ouvrir de toutes parts pour offrir à l'archéologie de riches et nombreux trésors. — Autour du cirque de Chenevières, l'un des plus beaux souvenirs de l'époque gallo-romaine, se groupent maintenant les ruines de Montbouy, dues aux intelligentes recherches de notre collègue M. Dupuis ; le théâtre de Triguères, récemment découvert par M. le curé de cette commune, et les restes de la cité romaine dans lesquels M. Marchand pense avoir retrouvé l'antique *Brivodurum*.

Mais pourquoi chercher si loin les preuves de ce que notre département doit à cette science ; ne vient-elle pas, au milieu de nous, de rendre à la lumière le caveau qui renfermait jadis les restes de saint Euverte, en même temps qu'elle rendait au culte son temple qu'elle restaure avec autant d'intelligence que de goût ; n'est-ce pas à elle enfin que nous devons la crypte de saint Avit, témoin séculaire de la piété de nos aïeux ; et la grotte vénérée de saint Mesmin, pleine des souvenirs religieux que la parole éloquente de notre illustre évêque a fait revivre dans nos cœurs.

La terre s'étendait sur tous ces monuments que la science vient de conquérir ; c'est elle aussi qui dérobait à nos regards celui dont je viens aujourd'hui vous révéler l'existence, et, après avoir ouvert sous les yeux des habitants de Beaugency ces vastes sépultures au fond desquelles reposaient depuis vingt siècles les cendres de leurs ancêtres, permettez-moi de jeter avec vous un coup-d'œil sur les débris historiques que renfermaient les archives souterraines de cette vieille cité. Le moment est venu de vous raconter les divers épisodes de la campagne archéologique entreprise sous vos auspices, en payant à chacun de ceux qui m'ont prêté leur concours, le tribut d'éloges qui leur est dû. Les découvertes qui l'ont terminée, Messieurs, sont dignes de tout votre intérêt et méritent de fixer votre attention ; car le savant auteur de l'ouvrage sur les sépultures anciennes, M. l'abbé Cochet que j'ai dû consulter dans cette circonstance, m'écrivait, il y a quelque temps, qu'elles lui paraissaient sans aucun précédent dans les annales de l'archéologie (1).

Chercher, découvrir et expliquer, voilà ce qu'on demande à la science, telle est aussi la triple obligation que j'avais à remplir pour répondre à votre attente. Je me suis acquitté sur le terrain d'une partie de ma tâche, il me reste encore à la compléter en vous exposant d'abord l'historique de mes recherches ; je vous soumettrai ensuite les conclusions que l'état actuel de nos connaissances m'a permis d'en tirer, ce qui divisera mon travail en deux parties distinctes.

______

(1) Voici le passage de la lettre de M. Cochet en date du 8 août 1858 :

« Je vous suis bien reconnaissant de m'avoir fait connaître l'étrange « découverte que vous venez de faire près de Beaugency ; je pourrai vous « donner peu de lumières sur elle, attendu que des analogues de ce genre « manquent complètement. Car jusqu'ici *votre découverte me paraît sans* « *précédent.* »

PREMIÈRE PARTIE.

Découverte du Cimetière.

Vous avez tous remarqué, Messieurs, en revenant de Blois, le magnifique panorama qui se déroule à vos yeux lorsque vous traversez le viaduc de Beaugency ; à droite vos regards planent sur les maisons antiques qui se pressent autour du vieux donjon seigneurial ; à gauche, ils s'étendent sur une vallée délicieuse que couronne le village de Vernon. Le ruisseau qui l'arrose féconde de riches jardins, et il baigne en même temps le pied du coteau dont le manteau de verdure couvre depuis vingt siècles les cendres des descendants de Brennus.

Au sommet de cette colline s'élève l'établissement de M. Barthélemy Huet ; c'est lui qui le premier entama ce rocher dans l'intérêt de son industrie, et il me permit bientôt de poursuivre son œuvre dans l'intérêt de la science.

Pendant l'hiver de 1857, il entreprit d'exploiter le banc calcaire près duquel était construit son four à chaux pour se procurer les pierres nécessaires à l'alimentation de cette usine. Ces premières fouilles se faisaient sur une grande échelle : les ouvriers travaillaient de front, coupant verticalement le rocher sur une hauteur

de quatre mètres cinquante et sur une largeur de vingt-six mètres (Pl. 1re, fig. 1re, lettres A B). Un jour, l'un d'eux se trouva
tout à coup surpris par un éboulement de terre, mêlée de cendres
de charbons et de pierres calcinées qui s'échappaient d'un puits
dont il venait de détruire la paroi verticale : sous cet amas de
terre et d'ossements se trouvait un vase assez bien conservé. Cet
homme de qui je tiens ces détails fut saisi de frayeur. Il courut
prévenir son maître, et, lui faisant part de sa découverte, il lui
demanda naïvement s'il ne serait pas puni pour avoir déterré cet
objet. Dans ce moment, passait M. Huet, agent-voyer de la ville.
On l'appelle, il rassure le travailleur, examine le vase, et dit de
suite à cet homme : c'est une urne cinéraire, cherchez bien ; elle
doit renfermer une pièce de monnaie. Ce fut la sentence de mort
du vase, à l'instant on le met en pièces, on explore avec soin les
cendres qu'il renferme ; mais les recherches sont inutiles, l'on ne
trouve aucune médaille, et l'ouvrier se remet à l'ouvrage. Ce fait
extraordinaire ne fut connu que dans le quartier, et les travaux
continuèrent presque sans interruption. Vingt-deux puits, dans
l'espace de trois mois, furent successivement découverts, vidés
et détruits ; les fragments d'urnes qu'ils renfermaient, dispersés
de tous côtés ; les cendres soigneusement visitées, dans l'espoir
toujours déçu de voir l'accomplissement de la prédiction de
M. l'agent-voyer.

Dans cette circonstance, les recherches minutieuses inspirées
par l'amour du gain ne rendirent pas plus de services à la numis-
matique que celles exécutées plus tard sous mes yeux dans l'intérêt de la science, et ces vieux souvenirs qui avaient survécu à
tant de siècles, disparaissaient anéantis pour toujours sous le pic
des travailleurs.

Cependant, par un concours singulier de circonstances, pendant que l'archéologie se voyait enlever à Beaugency tant de
précieux objets, à Verdes, elle s'enrichissait des découvertes in-
téressantes de M. le marquis de Courtarvel, dont vous m'aviez
chargé de vous rendre compte. Je venais moi-même de remplir
cette mission, et, de retour à Beaugency, j'attendais l'heure du
départ du convoi, lorsque j'eus l'idée de profiter des instants qui
me restaient pour aller rendre visite à M. Huet et lui parler des
fouilles dont M. Desjobert, aujourd'hui notaire à Saint-Ay,

m'avait déjà dit quelques mots. Il me raconta ce que je viens d'avoir l'honneur de vous dire, et me fit voir chez un de ses voisins le dernier vase extrait sous les yeux de M. Desjobert, qui en avait réuni avec soin les fragments pour le recomposer (1).

Il n'en fallut pas davantage, Messieurs, pour me faire comprendre de suite l'importance de cette découverte. Je suspendis mon départ, et, m'adressant aux ouvriers qui venaient de terminer leurs fouilles, je commençai une enquête, les questionnant séparément sur tout ce qu'ils avaient rencontré. Il résulta de leurs réponses, ainsi que des renseignements fournis par M. Huet, qui avait suivi pas à pas leurs travaux, que ces vingt-deux puits étaient creusés dans le roc, qu'ils avaient une largeur moyenne de un mètre trente centimètres et une profondeur de trois mètres cinquante centimètres, et qu'ils renfermaient tous un mélange de terre, de cendres et de pierres brûlées, au-dessous duquel l'on rencontrait constamment des mâchoires de porc, des ossements d'autres animaux domestiques ; et qu'au fond l'on trouvait des vases ressemblant à des pots de fleurs rétrécis par le haut, ou des espèces de cuvettes dont les parois très-épaisses étaient composées d'une terre grossièrement préparée et très-mal cuite (2). Les ouvriers m'affirmèrent encore que souvent dans ces *pots* ils trouvaient des cendres, et qu'ils en avaient rencontré quelques-uns recouverts d'une pierre, mais que la plupart étaient en très-mauvais état et pour ainsi dire détrempés par l'humidité du sol. Enfin tous s'accordèrent à me dire qu'auprès des grands puits ils en avaient vu de moins profonds renfermant des masses de cendres rougeâtres qu'ils regardaient comme des tombeaux d'enfants.

A la suite de ces renseignements fournis par M. Huet et ses ouvriers, se rangent naturellement ceux que je dois à l'obligeance de M. Desjobert et qui ont beaucoup de rapport avec les précédents. Je vais donc passer en revue avec vous le résultat de ses

____

(1) C'est celui que possède aujourd'hui le musée d'Orléans. M. Desjobert a bien voulu en faire hommage à cet établissement, ainsi que de plusieurs autres objets trouvés dans ces sépultures.

(2) Leur forme est reproduite dans la planche III, fig. 1re. J'ai dessiné, dans la même planche, fig. 2, quelques-uns des fragments que j'ai pu recueillir.

observations sur l'ensemble des dix puits qu'il a vu détruire dans l'espace de six semaines. — « J'ai remarqué, m'a-t-il « dit, chaque fois que l'on entamait un de ces puits, que les « premières couches étaient composées d'une terre noire au mi- « lieu de laquelle se trouvaient des pierres calcinées qui parais- « saient rangées en cercle; au-dessous, l'on commençait à rencon- « trer des mâchoires de porc et des ossements de cheval ou de « bœuf, disséminés dans toute la hauteur de la tombe, et mêlés « à de nombreux petits fragments noirs d'urnes cinéraires. Enfin, « les blocs de cendres qui ne se présentaient que rarement dans « la partie supérieure du puits, se montraient de plus en plus « considérables à mesure que l'on descendait vers la zône infé- « rieure où ils se trouvaient alors mêlés à une grande quantité « de charbon. Cette masse de cendres était surtout très-visible « autour de l'urne principale, qui, placée au fond du puits funé- « raire, se trouvait presque toujours affaissée sous le poids des « terres et de quelques grosses pierres qui précédaient son appa- « rition. J'ai constaté aussi, d'après les fragments les mieux con- « servés, que si les urnes que l'on rencontrait dans la terre étaient « noires, celles de la région inférieure de ces fosses étaient tan- « tôt noires, tantôt jaunes, et avaient la forme de pot au feu; « seulement les unes paraissaient avoir eu un fond bombé, « c'étaient les noires; les autres, de couleur jaune, avaient un « fond plat. C'est dans une de ces urnes cinéraires (me dit-il « encore) que j'ai rencontré la lame de couteau fixée à un manche « en os sculpté (Pl. III, fig. 3, lettre P); une autre lame mais « sans manche (même planche, lettre Q), a été trouvée au- « dessus d'un second vase. Enfin un morceau de verre fondu « était auprès d'un troisième vase. » M. Desjobert termina ses observations en ajoutant qu'en général les fragments de poteries épaisses et rustiques étaient plus nombreux que ceux des vases délicatement exécutés.

Tels furent, Messieurs, les premiers documents à l'aide desquels je rédigeai le Mémoire dont j'eus l'honneur de vous donner lec- ture dans la séance du 1ᵉʳ mai 1857 et que je présentai à M. le maire d'Orléans, dont je connaissais le dévouement à la science et aux arts, pour obtenir, au nom de la Société, les fonds nécessaires à l'exécution des fouilles dont vous m'aviez chargé, je lui offrais en même temps de donner au Musée tout ce que je pourrais extraire de ces sépultures antiques.

M. le Maire voulut bien répondre à mes espérances : deux jours après il m'annonçait, qu'après s'être entendu avec M. le directeur du musée historique, il mettait à ma disposition une somme de 200 francs pour mes travaux. Le lendemain même je partais pour Beaugency, et, secondé par des ouvriers intelligents, j'entreprenais les fouilles dont je vais vous rendre compte en passant successivement en revue les trois périodes qu'elles ont présentées.

1res Fouilles. — M. Huet, à l'obligeance duquel je dois avant tout rendre justice, ne pouvait livrer à mes investigations que soixante-six centiares de terrain (*m, n, c, d*, Pl. Ire, fig. 3). Ce fut donc sur ce petit espace que je commençai mes opérations le 18 mai 1857. Ma première pensée avait été de continuer la grande tranchée faite dans le roc par les carriers quelques mois auparavant ; mais je reconnus bientôt que ce mode de travail deviendrait excessivement long et dispendieux ; je n'avançais, en effet, que de cinquante-cinq centimètres par jour, et j'avais vingt-quatre mètres à parcourir. J'en trouvai un plus expéditif. Comme les puits creusés dans le rocher devaient s'ouvrir à la surface sous une couche de quarante à cinquante centimètres de terre végétale, je pensai qu'en enlevant cette terre sur toute l'étendue du banc calcaire, je devais nécessairement rencontrer leurs entrées, et qu'alors il me serait facile de les vider par leur ouverture supérieure. (Pl. Ire, fig. 1re). Je découvrais ainsi le puits par en haut au lieu de le prendre par le flanc, comme faisaient les ouvriers qui m'avaient précédé. Je fis donc une tranchée que je conduisis jusqu'au roc, rejetant en arrière toute la terre végétale et faisant même soulever par le second homme de tranchée la première couche du rocher, sur une épaisseur de vingt-cinq centimètres, pour m'assurer qu'il n'y avait rien sous la pierre que je mettais à nu. Si j'entre dans tous ces détails d'exécution, Messieurs, c'est qu'ils vous garantissent d'abord l'exactitude de mes recherches, et qu'ensuite ils pourront être utiles à ceux qui voudraient les continuer.

J'arrivai bientôt à l'endroit désigné sur le plan par la lettre F. (Pl. Ire, fig. 3). Là je commençai à distinguer dans la couche de terre végétale quelques-unes de ces petites pierres brûlées dont l'apparition rapprochée des renseignements que j'avais recueillis auprès des ouvriers m'annonçait la présence d'un tombeau. Je fis enlever toute la terre pour en démasquer l'entrée, et bientôt je vis se dessiner dans le roc une large ouverture ayant un mètre trente centimètres de diamètre. Je la fis déblayer avec soin, et je recommandai à l'ouvrier de redoubler de précaution, à mesure qu'il descendrait dans l'intérieur du puits. Pendant quelque temps, et jusqu'à la profondeur d'un mètre trente centimètres, nous ne trouvâmes que des pierres brûlées, mêlées à une terre végétale sillonnée de larges veines de cendre où se trouvaient épars des morceaux de charbon de bois et de petits fragments de vases grossiers. Enfin apparurent les ossements d'animaux ; j'étais à deux mètres vingt centimètres au-dessous du sol, lorsque je rencontrai cette mâchoire de porc que les ouvriers me certifiaient avoir trouvée dans presque tous les puits. L'exactitude de leurs renseignements se trouvait ainsi confirmée, ainsi que la forme conique qu'ils avaient signalée dans tous ceux dont ils m'avaient parlé. Je remarquai, dans cette région, que les couches de cendres devenaient plus épaisses et les ossements plus nombreux. Pensant alors que nous approchions de l'urne que je cherchais, je fis cerner le tour du puits par une petite tranchée circulaire, laissant au centre une motte de terre qui devait la protéger contre tout accident, jusqu'à ce que le moment fût arrivé de la découvrir elle-même. Je m'attendais à chaque instant à voir apparaître ce vase funéraire ; mais bientôt je dus renoncer à cet espoir, en me trouvant en face des nombreux fragments de deux urnes brisées, restes d'un vase en terre jaune qui avait huit centimètres de diamètre à l'ouverture, ces morceaux étaient au nombre de dix-huit. Ils étaient très-petits, et deux d'entre eux offraient une particularité assez remarquable : sur l'un était une petite bande de huit millimètres de largeur qui faisait le tour de la panse et présentait une série de petits losanges imprimés en pointes de diamant ; sur l'autre on remarquait une petite tubulure déprimée dans le milieu et qui formait deux ouvertures de la grosseur du petit doigt. La pâte de cette poterie était assez fine et sonore, comme vous pouvez en juger par les échantillons que j'ai déposés au Musée. Outre ces deux vases en poterie jaune, j'ai recueilli quinze morceaux d'une urne en terre noire au milieu desquels j'ai rencontré deux fragments calcinés de côte humaine, et une petite hache en pierre de dix centimètres de longueur sur quatre centimètres de largeur, présentant un aspect granuleux ; cette hachette m'a été enlevée pendant mes travaux. Enfin j'atteignis le fond du puits ; là je constatai l'existence d'un petit trou circulaire creusé en forme de cuvette, au centre même de cette sépulture qui se terminait elle-même par une surface concave. Cette petite excavation dont les ouvriers avaient déjà remarqué la présence dans presque tous les puits qu'ils détruisaient, avait trente-trois centimètres de diamètre sur dix centimètres de profondeur. (Pl. II, point X.) Elle paraît avoir été destinée à poser l'urne principale que l'on confiait à la terre. Lorsque ce tombeau fut tout à fait déblayé, j'en levai le plan et je constatai qu'il avait deux mètres soixante-dix centimètres de profondeur à partir de la surface du terrain, sur un mètre cinquante centimètres de diamètre moyen, et que la flèche de la calotte sphérique qui en formait le fond avait cinquante centimètres de longueur.

Le lendemain je continuai mon exploration et je rencontrai le second tombeau. Il était à dix-neuf mètres du premier, creusé dans le roc comme le précédent (Pl. Iʳᵉ, fig. 3, lettre A.), et comme lui, il renfermait à peu près les mêmes objets : je crois donc inutile d'en faire la description ; seulement je dois dire qu'outre des fragments d'urnes et de vase brisés, j'y ai trouvé une petite hache celtique. Sa forme, du reste, me présenta pour le fond et le contour les mêmes particularités que celui dont je viens de vous faire la description.

Je dus alors suspendre mes recherches, j'avais sondé tout le terrain que m'avait abandonné M. Huet. Je quittai donc Beaugency avec la satisfaction d'avoir découvert deux puits funéraires qui m'avaient mis à même de vérifier l'exactitude des renseignements fournis par les ouvriers sur les sépultures qu'ils avaient détruites, et emportant avec moi l'espoir de reprendre quelques mois après les fouilles que j'étais forcé d'interrompre.

2ᶜˢ Fouilles. — En jetant un coup-d'œil sur le plan du chantier de M. Huet, que j'avais eu soin de lever moi-même, et en examinant attentivement les positions relatives des tombeaux que j'y avais tracées (1), je m'aperçus bientôt que ces sépultures devenaient d'autant plus nombreuses que l'on s'approchait davantage de la rive méridionale du chantier qui touchait au champ voisin. J'en conclus, dès lors, que cette pièce de terre (*c, h, g, t*, Pl. Iʳᵉ, fig. 3) devait m'offrir de grandes chances de succès. Je présumais, en effet, que dans ces temps reculés, la limite actuelle des deux champs pouvait bien ne pas être celle du lieu de sépulture que j'explorais : et que si au nord de cette ligne je trouvais des puits funéraires, au midi je pouvais en rencontrer également. Mais ici se présenta un obstacle imprévu, ce fut la résistance de la personne à laquelle appartenait le terrain, résistance qui ne céda qu'aux instances réitérées de M. le maire de Beaugency. Enfin, il me fit part de son succès, et le lendemain même, 20 août, je commençais à retourner ce champ sur une étendue de quatre ares. J'avais choisi l'endroit le plus rapproché de celui où les tombeaux avaient été découverts, comme vous pouvez en juger en jetant un coup-d'œil sur la planche Iʳᵉ, fig. 3 (lettres *h c*). Je travaillai pendant sept jours avec cinq hommes, enlevant toute la terre végétale par tranchées successives, et creusant partout le roc à une profondeur de vingt centimètres ; mais ce travail, exécuté entièrement sous mes yeux, ne me donna aucun résultat. Je ne rencontrai pas un seul tombeau, le rocher présentait partout une surface dont l'homogénéité me désespérait ; pas la plus petite excavation, si ce n'est de temps en temps ces veines de terre glaise que l'on appelle puisards. Toujours un bloc dont l'aspect primitif décélait une origine qui détruisait toutes mes illusions. Il fallut cesser cependant ; je me retirai après avoir conçu un autre projet qui me donnait plus d'espoir. J'avais re-

(1) Guidé par les indications des carriers et par les personnes qui avaient suivi ces fouilles, j'ai pu rétablir les diverses places occupées par les puits explorés avant moi ; c'est d'après ces renseignements précieux que j'ai tracé le plan représenté pl. Iʳᵉ, fig. 3.

marqué que l'on avait trouvé des tombes dans deux espaces rectangulaires (*a*, *c*, *h*, *i* et *m*, *n*, *c*, *d*, pl. Ire, fig. 3), qui se rencontraient à angle droit : je pensai dès lors qu'il devait en exister aussi dans l'angle compris entre ces deux surfaces, mais cette portion de terrain, limitée par la ligne brisée *m*, *n*, *p*, *o* (pl. Ire, fig. 3), était, pour le moment, couverte par un amas de quarante mille fagots. Cette circonstance me força de remettre mon travail à une autre époque, et je quittai M. Huet, en lui demandant la permission de recommencer mes fouilles sur cet emplacement, lorsque tout son bois serait brûlé. Il me l'accorda avec la plus grande obligeance, me priant d'attendre huit mois encore, c'est-à-dire jusqu'à la fin de l'hiver de l'année 1858. Enfin, le 1er mai de cette même année, je reçus la lettre dans laquelle on m'annonçait que je pouvais me mettre à l'œuvre, et je commençai immédiatement mes troisièmes fouilles.

En vous rendant compte, Messieurs, du résultat heureux de mes premières recherches, j'avais en vue l'intérêt de la science ; mais en vous exposant, comme je viens de le faire, le résultat malheureux des secondes, je ne me suis préoccupé que de l'intérêt des savants. En effet, mon but est de leur éviter, si un jour ils veulent continuer mes investigations, de s'engager dans la fausse voie que je viens de vous signaler. Je vous devais surtout ces explications pour vous mettre à même d'apprécier les obstacles de tout genre qui m'ont empêché de terminer plus promptement le travail que vous m'aviez confié.

3⁰ˢ Fouilles. — Le 10 mai 1858, je repris pour la dernière fois mes travaux sur la surface *m, n, p, o*, en suivant toujours la marche que j'avais adoptée pour les précédents. Je rencontrai d'abord au point *r* (pl. Iʳᵉ, fig. 3), une petite excavation semblable à toutes celles que les carriers trouvaient souvent près des puits qui renfermaient des urnes. Elle ne s'enfonçait qu'à soixante-dix centimètres dans le roc et avait soixante-cinq centimètres de diamètre. Elle renfermait quelques petites pierres brûlées, de la cendre et une assez grande quantité d'une matière rougeâtre qui me parut être une agglutination de terre et de sang ; mais notre honorable collègue, M. Rabourdin, l'ayant soumise à l'analyse, n'y a trouvé aucune trace de cette dernière substance (1). Quelques heures après j'en rencontrai une autre présentant exactement la même forme. Enfin, le soir je découvris le tombeau D (pl. Iʳᵉ, fig. 3), qui m'offrait une large ouverture d'un mètre cinquante centimètres de diamètre. Je me contentai de le creuser sur une profondeur d'un mètre afin de bien constater son existence, et j'écrivis à M. le maire d'Orléans pour lui proposer d'assister à cette fouille ; retenu par des affaires d'administration, il ne put répondre à mon invitation : je fus donc forcé de continuer sans lui, le lendemain, l'opération que j'avais commencée la veille et qui ne m'avait encore fourni jusqu'à ce moment qu'un fer à cheval d'une forme assez moderne, trouvé dans une couche supérieure, quelques petits os et les débris de la mâchoire d'un porc, placée à un mètre dix centimètres de profondeur. Lorsque j'arrivai à deux mètres, je rencontrai, sous une énorme pierre calcinée, une épaisse couche de cendres au sein de laquelle gisaient des fragments d'urnes de couleur jaune, et les deux têtes de bœuf que possède aujourd'hui le musée d'Orléans. Quand cette couche fut déblayée, j'étais déjà à deux

---

(1) Voici le résultat de cette opération chimique :

La matière rougeâtre, trouvée dans les trous pratiqués près des tombeaux celtiques, ne renferme rien d'organique. Chauffée au rouge elle pâlit d'abord, puis se fonce et devient couleur brique; cette matière est formée de carbonate de chaux, de sable et d'argile légèrement ferrugineuse. Elle ne contient pas de phosphate, ce qui exclut la présence du sang.

(*Lettre de* M. Rabourdin, *du* 1ᵉʳ *juin* 1858.)

mètres quatre-vingt-dix centimètres. Là se trouvait encore une grosse pierre pareille à la précédente, sous laquelle apparut une couche de cendres mêlées de charbon, présentant une épaisseur d'un mètre. Elle renfermait des coquilles d'escargots, le squelette d'un mouton, et tous les ossements d'animaux rongeurs que j'ai recueillis avec soin. Arrivé à trois mètres quatre-vingt-dix centimètres, je soulevai une troisième pierre d'une forte dimension et calcinée comme toutes celles que j'avais rencontrées jusqu'ici ; elle reposait sur un lit de cendre au milieu duquel je reconnus les mâchoires d'un porc et d'un chien, et deux squelettes complets d'oiseaux de la grosseur d'une poule, placés près l'un de l'autre. Leurs os parfaitement groupés ainsi que ceux des squelettes précédents, me prouvèrent évidemment que depuis qu'ils étaient là, personne n'avait remué les terres ni les cendres qui les entouraient. Lorsque je fus au fond du puits, c'est-à-dire à quatre mètres vingt centimètres au-dessous du sol, je ramassai trente-deux noyaux d'un fruit réunis au milieu d'une espèce de matière agglutinée que je crus appartenir au règne végétal et qui me parut avoir contribué à leur conservation ; mais notre savant collègue M. Rabourdin l'ayant aussi soumise à l'analyse, reconnut que ces débris étaient des fragments d'os (1). C'est à cette place et au centre du puits que je trouvai enfin plusieurs morceaux d'urne cinéraire; un d'eux présentait une dent qui avait subi l'action du feu. Elle était encore adhérente aux cendres du bûcher qui avait consumé le cadavre auquel elle appartenait et peut-être aux cendres de ce corps lui-même; quoi qu'il en soit, je crois devoir vous signaler cet objet sur lequel je reviendrai, ainsi qu'un petit fragment de hache celtique qui se trouvait au milieu des débris de ces vases antiques.

Quand le puits fut complètement déblayé, je constatai qu'il

(1) Elles renferment encore quelques traces organiques, dit M. Rabourdin, car si on les chauffe elles noircissent d'abord, puis elles deviennent incandescentes et blanchissent par la combustion du charbon. Brûlées à blanc, on reconnaît facilement l'état poreux des os ainsi traités. Cette matière, privée de tout principe organique, se dissout dans l'acide chlorydrique avec effervescence, et la dissolution renferme du phosphate de chaux et du carbonate de chaux, dans la proportion de quatre cinquièmes du premier et un cinquième du second. Ces faits ne laissent aucun doute dans l'esprit et permettent d'affirmer que ces plaques irrégulières sont des fragments d'os.

(*Lettre de* M. RABOURDIN, *du* 1er *juin* 1858.)

avait quatre mètres vingt-cinq centimètres de profondeur, et que
le rocher s'arrondissait au fond, en forme de calotte sphérique.
Je remarquai pareillement cette petite cuvette caractéristique qui
occupait le centre de celui que j'avais découvert dans ma première fouille, et qui avait été signalé plusieurs fois dans ceux
explorés par les ouvriers de M. Huet. Il ne me restait plus qu'à
en lever le plan; je le fis le plus exactement possible, c'est celui
que représente la planche II. L'ouverture circulaire avait un
mètre cinquante centimètres de diamètre ; au milieu, sa coupe
devenait elliptique et elle conservait cette forme jusqu'au fond,
où était la petite cuvette de quinze centimètres de profondeur sur
trente centimètres de diamètre. Quant à son pourtour, il allait en
s'évasant en forme de tronc de cône et présentait une paroi taillée
régulièrement dans le roc, et parfaitement calibrée. Je laissai ce
puits ouvert pendant toute la journée du jeudi, fête de l'Ascen-
sion, afin que les habitants de Beaugency pussent satisfaire leur
curiosité en le visitant.

Le vendredi, je repris mes travaux et je commençai à déblayer
le puits E (pl. Ire, fig. 3). Après avoir enlevé diverses couches de
terre entremêlées de quelques pierres brûlées, je rencontrai le
sol naturel à deux mètres seulement de profondeur. La fouille du
puits voisin S ne m'offrit pas plus d'intérêt ; je crois devoir cependant en parler ici, car il résulte de leur ensemble une particularité dont j'ai cherché à me rendre compte en examinant la nature
du sol. J'ai reconnu, après plusieurs sondages, que dans cet endroit le rocher devenait de plus en plus compacte, ce qui avait
sans doute forcé le fossoyeur d'interrompre son travail, et j'en ai
conclu que ces tombeaux antiques ne s'étendaient peut-être pas
au-delà de la ligne qui, joignant le point E au point S, longe le
chemin et borne à l'orient le chantier de M. Huet. Ce fait résulte
aussi pour moi de l'examen du champ qui est situé de l'autre côté
du sentier et à la surface duquel les plus minutieuses recherches
ne m'ont laissé voir aucune trace des pierres calcinées qui
dénotent l'existence de ces tombeaux (1).

Il ne me restait plus à visiter que le puits H, découvert la veille

______

(1) Depuis la lecture de ce mémoire l'on a découvert des tombeaux de la
même forme sur le bord occidental de la route de Vendôme, à l'endroit désigné par la lettre *a* (Pl. Ire, fig. 2).

par un de mes ouvriers, et qui, creusé d'un côté surtout dans un terrain moins ferme que les précédents, semblait aussi s'annoncer sous des proportions plus vastes. Les deux tiers de ses parois étaient dans le roc, l'autre tiers dans un tuf calcaire assez compacte. Jusqu'à un mètre trente centimètres, je trouvai, comme précédemment, des pierres brûlées et des charbons disséminés dans un mélange de cendre et de terre végétale ; mais arrivé à une profondeur de deux mètres, je commençai à retirer des ossements de mouton et de chien, et les nombreux débris d'un vase à anse double en terre jaune, dont j'ai représenté le principal fragment ainsi que le profil et la coupe (pl. III, fig. 2). Auprès de lui, l'on voyait encore les restes d'une urne cinéraire de couleur noire et entièrement brisée. Ces vases étaient ensevelis dans une épaisse couche de cendre et de charbon sous laquelle il y avait le squelette presque complet d'un bœuf, dont il manquait la tête ; la mâchoire d'un porc garnie de ses crochets, et deux haches celtiques dont l'une est entière et en granit gris de fer ; et dont l'autre en très-beau silex blanc, présente une longueur de dix-sept centimètres sur une largeur de six centimètres au tranchant : c'est un des plus beaux spécimens que j'ai vus des armes de cette espèce. Je l'ai déposée au musée d'Orléans, ainsi que toutes celles que j'ai trouvées dans ce cimetière.

Outre les quatre grands puits funéraires sur lesquels je viens d'appeler votre attention, j'ai encore rencontré, Messieurs, d'autres petites excavations ayant environ un mètre sur quatre-vingts centimètres de diamètre, et qui ne renfermaient que de la terre, un peu de cendre et quelques petites pierres calcinées. J'y ai reconnu aussi cette substance rougeâtre dont je vous ai parlé ci-dessus. Elles sont presque toujours dans le voisinage des grands tombeaux. Nous reviendrons plus tard sur les usages auxquels elles peuvent avoir été destinées. Pour l'instant, je vais essayer de résumer les caractères généraux que présentent les sépultures que j'ai explorées et dont je viens de vous entretenir.

La première impression qu'elles ont produite sur moi, a été de constater complètement l'exactitude des renseignements que les ouvriers de M. Huet m'avaient donnés quelques mois auparavant. Je retrouvais, en effet, tout ce qu'ils avaient trouvé eux-mêmes ; cendres, ossemens, poteries et jusqu'à *ces gros cailloux*

— 19 —

pointus et coupants qu'ils avaient aperçus sans en connaître la
valeur. Mais, comme eux aussi, je n'avais rencontré aucune espèce
de monnaie, malgré la récompense que je leur avais promise
pour stimuler leur zèle : et cependant ils les cherchaient avec le
soin et l'attention de leurs prédécesseurs, dont M. l'agent-voyer
avait éveillé l'intérêt dès le commencement des fouilles.

Il résulte donc clairement pour moi de tout ce que vous venez
d'entendre, que les vingt-neuf sépultures découvertes jusqu'à ce
jour dans l'espace restreint de vingt ares, renferment toutes dans
leurs couches supérieures des pierres calcinées, signe caractéristique qui révèle leur existence ; que ces pierres se rencontrent au
milieu d'un lit de terre végétale mêlée aux restes cinéraires d'un
bûcher antique dont l'épaisseur descend à plus d'un mètre; qu'à
cette profondeur les cendres deviennent de plus en plus compactes
et homogènes, et que l'on commence à en extraire des ossements
d'animaux domestiques placés au-dessus de nombreux débris
d'urnes funéraires et de vases destinés aux usages de la vie. La
teinte noire des premiers et leur fond bombé les distinguent parfaitement des seconds, dont la couleur est jaune et le fond tout à
fait uni. (Pl. III, fig. 1, 2, 3). Enfin, auprès de ces dépositaires
fidèles des restes de l'habitant des Gaules, on trouve quelques-
uns des instruments qui l'accompagnaient au combat.

Ici, Messieurs, se termine le travail sur le terrain. Je viens
d'énumérer devant vous les découvertes qui en ont été le
résultat, et de vous faire passer en revue les documents curieux
que nous a fournis ce vaste rocher. En adoptant la marche que
j'ai suivie jusqu'ici, je me suis conformé aux exemples et aux
conseils que donne à ses collaborateurs le savant auteur de la
Normandie souterraine (1). Il me reste, maintenant, à vous soumettre les appréciations et les conséquences que les progrès de
l'archéologie m'ont permis de déduire sur l'époque à laquelle
peuvent remonter ces sépultures antiques, et sur les commen-
cements d'une ville dont aucun document ne révélait l'existence
avant le milieu du ix° siècle.

Telles seront les recherches qui feront le sujet de cette seconde
partie de mon Mémoire.

(1) *Sépultures gauloises*, abbé Cochet, édit. 1857, p. 159, fig. 2.

DEUXIÈME PARTIE.

Histoire du Cimetière.

Lorsque l'on pénètre dans ces archives souterraines que l'on nomme cimetières, lorsqu'on visite ces précieux dépôts que le voile de la tombe a soustraits si longtemps aux révolutions qui détruisent les édifices élevés par la main des hommes, l'on est forcé de reconnaître dans ces collections d'armes, de vases et d'ossements de toute espèce, les traces de l'importance d'une cité qui servit autrefois de vestibule à ce temple de la mort. Car où se trouve maintenant un cercueil, il y eut jadis un berceau. Le cimetière n'est-il pas, en effet, le dépositaire des preuves de l'existence des sociétés humaines, et la galerie historique où sont rangés les souvenirs de leurs croyances religieuses, de leurs mœurs et de leur civilisation. C'est donc à ce titre que ces vastes champs de repos méritent de fixer l'attention de l'archéologue, les méditations du philosophe et les réflexions de l'historien.

Celui dont je viens de faire la description est digne, comme je vous l'ai dit plus haut, de tout votre intérêt, et dans un moment où l'on se livre à d'immenses recherches sur l'histoire ancienne de notre pays, il peut jeter quelque lumière sur l'existence d'un centre de population dont l'origine se perdait dans la nuit des temps.

L'ensemble des objets remarquables que renferme ce lieu de sépulture, présente sept catégories bien distinctes : j'adopte pour ce classement l'ordre dans lequel ils se montraient successivement aux yeux de l'observateur, c'est aussi celui que je suivrai pour les étudier séparément dans les rapports qu'ils peuvent offrir avec les types analogues découverts jusqu'ici ; et lorsque je ne pourrai plus disposer de ces points de comparaison, je chercherai alors dans les auteurs anciens et modernes l'explication des faits que j'ai eu l'honneur de vous signaler.

Je ne me suis point fait illusion, Messieurs, sur la difficulté de cette seconde partie de mon travail ; aussi, avant de l'aborder, ai-je cru devoir me préparer à cette sérieuse entreprise par un séjour d'un mois entier dans la capitale. J'ai consacré tout ce temps à l'étude des usages funéraires des Gaulois et des Romains, dans tous les auteurs qui en ont parlé jusqu'à ce jour ; je me suis adressé aux sommités de la science pour éclairer mes recherches ; et je suis heureux de remercier ici MM. Hase, de Witte et M. l'abbé Cochet, de leurs conseils éclairés et des sages avis à l'aide desquels ils m'ont mis en garde contre ces appréciations exagérées que l'imagination donne souvent aux découvertes contemporaines. M. de Riocreux lui-même, ce savant conservateur du musée de Sèvres, m'a fait voir dans sa riche collection des sujets excessivement curieux ; ces rapprochements, opérés sous mes yeux, par un homme dont l'obligeance égale l'instruction, ont complété dignement les études que j'avais faites dans les ouvrages spéciaux que possède la bibliothèque impériale. Aujourd'hui, c'est sous l'impression encore toute récente de ces travaux préparatoires, que j'aborde les questions qui me restent à éclaircir, et après avoir enlevé à la terre les débris qu'elle conservait depuis tant de siècles, je vais demander à la science quels sont les souvenirs qui s'y rattachent.

Voici, maintenant, l'exposé des sept classes distinctes dans lesquelles je range les sujets divers dont je vais avoir l'honneur de vous entretenir :

Premièrement, la topographie du cimetière ; deuxièmement, les pierres calcinées ; troisièmement, le bûcher et les cendres ; quatrièmement, les ossements d'animaux ; cinquièmement, les vases domestiques et les urnes cinéraires ; sixièmement, les armes en silex ; septièmement, la forme des tombeaux. C'est ainsi que je me propose d'étudier isolément chacun des éléments de la question qui nous occupe, et je vous ferai voir ensuite comment ils se rattachent dans leur ensemble aux cérémonies funèbres des anciens habitants des Gaules.

§ Ier.

Topographie. — Avant de remuer le sol qui couvre le rocher où reposent tant de générations, qu'il me soit permis de vous promener un instant sur ce musée souterrain et de vous faire remarquer ce que sa position présente d'intéressant pour la science. Si vous vous reportez au plan général de mes fouilles (1), vous remarquerez d'abord que la colline qui en a été le théâtre est limitée au couchant par le grand chemin de Vendôme. C'est au-delà de cette route, et en face le chantier de M. Huet, que M. Antoine fit faire, il y a quelques années, des fouilles immenses pour son usine, sans jamais rien rencontrer. Il résulte donc de ce fait que le cimetière qui nous occupe ne paraît pas s'étendre au-delà de cette grande voie de communication. Sa pente générale est tournée vers l'orient et fait face au coteau sur lequel est bâtie la jolie chapelle dédiée jadis à saint Michel (2). Il fait partie d'un champ qu'on appelle le clos Saint-Gentien, et lorsqu'on parcourt sa surface l'on rencontre de temps en temps de petites pierres calcinées mêlées à la terre végétale. Ces pierres sont tout à fait pareilles à celles que l'on trouve en si grande quantité dans l'intérieur des puits funéraires. Du reste, les bâtiments d'exploitation, les hangars et les jardins qui occupent une partie de ce terrain ne permettent pas d'étendre les recherches autant qu'on pourrait le désirer. De ces premières observations il résulte que cette colline se trouve placée dans les conditions que recherchaient nos pères pour y déposer les cendres de leurs aïeux ;

(1) Pl. I, fig. 2.
(2) Pl. I, fig. 1re.

nous voyons, en effet, comme le remarque judicieusement
l'auteur de la *Normandie souterraine*, que « presque tous
« les cimetières anciens étaient situés sur le penchant des col-
« lines ; des milliers de faits, dit-il, constatent cette tendance
« dont la cause ne nous est pas connue » (1). Et plus loin, il
ajoute que ces champs de repos étaient disposés soit au sommet,
soit à la base des coteaux (2). Cette observation, dit M. de
Formeville, n'a pas échappé aux archéologues de France et
d'Angleterre (3), et le savant évêque de Mende, qui écrivait, au xiiie siècle, constate ce fait remarquable (4). L'on
sait aussi que les Romains, dont l'exemple avait dû nécessairement, même. avant la conquête, avoir une certaine influence
dans toute la Gaule, avaient placé les cimetières de *Juliobona*,
de *Rotomagus* et d'*Augustodurum*, près de ces villes, à la proximité des voies publiques et sur le versant des coteaux (5). Si, de
plus, je tiens compte des observations faites par M. l'abbé Cochet,
à Fécamp, à Saint-Valery, à Neuville et à Dieppe, j'admettrai
avec lui que la proximité des grandes voies de communication et
la pente du terrain, jointe à la chaleur des rayons du soleil le-
vant, présentaient aux Gaulois le double avantage de conserver
le souvenir de leurs pères dans leur mémoire et leurs restes dans
la terre à laquelle ils les confiaient. Cette opinion est aussi celle
de Legrand d'Aussy (6). J'ajouterai enfin, avec le père Routz,
que ces lieux de sépultures devaient être réservés pour les riches,
car c'était un honneur d'être enterré près des grands chemins (7) :
son observation me paraît du reste justifiée par les frais énormes
que devaient nécessiter de pareilles funérailles. Le cimetière dont
je m'occupe semble conforme à ces anciens usages, car d'un côté
il est situé sur la colline qui s'étend jusqu'à la petite rivière du

(1) *Normandie souterraine*, p. 84.

(2) *Normandie souterraine*, p. 161.

(3) *Mém. de la Soc. des Ant. de Norm.*, t. XVII, p. 286.

(4) G. Durand, *rat. div. off.*, p. 455.

(5) *Normandie souterraine*, p. 162.

(6) Legrand d'Aussy, t. LIII, p. 587.

(7) *Rech. sur la man. d'inhumer des anc.*, Routz, Poitiers, 1738,
     t. XXIX, p. 43.

Rut (1), en faisant face à l'orient, et de l'autre il se trouve voisin de l'embranchement des deux voies très-anciennes que M. Jollois désigne dans son ouvrage sur les Antiquités du Loiret, par les n°s III et XXI. La première est celle qui allait de *Genabum* à *Cesarodunum* par la rive droite de la Loire, et la seconde conduisait de Chartres à Bourges en passant par Villampuy, Charsonville, Beaugency, où elle traversait la Loire pour aller ensuite à Ligny et à Chaumont, d'où elle gagnait Vierzon et Bourges (2).

L'on peut donc conclure de ce que vous venez d'entendre, que le cimetière antique de Beaugency est placé dans les deux conditions que les anciens peuples choisissaient de préférence pour leurs lieux de sépultures.

§ II.

Pierres calcinées. — Lorsqu'on visite attentivement ce champ de repos, nous avons déjà dit que l'on rencontrait de temps en temps à sa surface quelques petites pierres qui présentaient des traces sensibles d'incinération. Quelques-unes ont été entraînées par la charrue, d'autres se retrouvent encore au-dessus des tombes qu'elles remplissent ; mais c'est surtout quand on pénètre dans les couches supérieures du terrain que contiennent ces fosses cylindriques, qu'on les trouve en plus grande abondance, mêlées avec de la cendre et quelques fragments de charbon. Elles s'y rencontrent surtout à une profondeur variable, de trente centimètres à un mètre, avec divers objets métalliques tels que des fers de chevaux, des lames de couteaux, des fragments d'agrafes qui paraissent être descendus des couches supérieures entraînées par leur propre poids à travers un sol détrempé par les pluies ou par suite de déplacements accidentels dus à la culture. La présence de ces pierres brûlées, que M. Boucher de Perthes signale comme se rencontrant très-souvent dans les tombeaux gaulois (3), annonce au premier abord les siècles de l'incinération ; mais elles découvrent aussi, dans cette circonstance, une particularité dont je trouve l'explication dans un usage que nos ancêtres me paraissent avoir emprunté aux peuples d'Italie.

(1) Pl. I, fig. 2.
(2) Jollois, *Ant. du Loiret*, p. 11.
(3) Boucher de Perthes, *Ant. celt.*, p. 504.

En effet, si je parcours les auteurs qui ont traité des cérémonies funèbres des anciens, je vois que tous s'accordent à dire que l'incinération des corps s'accomplissait dans deux endroits distincts, dont l'un s'appelait *Ustrinum* et l'autre *Bustum* (1).

L'*ustrinum*, dit M. de Caumont, était le brûloir public. Il était situé dans un endroit qui devait être éloigné des maisons d'au moins soixante pas, pour éviter l'incendie, et à proximité du champ où l'on déposait l'urne cinéraire (2). Cet *ustrinum* était pavé dans le genre de celui que j'ai trouvé à Cernay (3), et il servait à entasser le bois destiné à élever le bûcher sur lequel on étendait le défunt. Tant que le corps n'y était pas encore déposé, ce bûcher s'appelait *Pyra*, aussitôt que la flamme commençait à s'en échapper, il prenait le nom de *Rogus* (4).

Le *Bustum* était le brûloir privé. Il se construisait toujours dans l'endroit même où l'urne cinéraire devait être ensevelie ; c'est précisément ce qui avait lieu dans le cimetière de Beaugency. Les pierres que l'on avait extraites du puits funéraire étaient disposées sur le bord pour former le *Bustum* sur lequel on dressait le bûcher. J'ai comparé l'état d'incinération qu'elles présentent à celui que subissent chaque jour dans le four de M. Huet les pierres extraites du même rocher. J'ai soumis mes observations à cet habile chaufournier qui pendant longtemps a chauffé des pierres provenant du même banc calcaire, et il m'a affirmé que la calcination de celles que je lui présentais s'étant faite à l'air libre, il a fallu la valeur de cinq cents fagots pour les réduire à l'état dans lequel elles sont ; quoique les bûchers fussent généralement construits en bois de corde, je vous signale cependant cette observation pour vous donner une idée des dépenses excessives que devaient occasionner de pareilles funérailles : car quelque boisée que pût être alors cette contrée, il n'en fallait pas moins, pour les célébrer, une main-d'œuvre et des frais de transport assez importants. Revenant donc sur l'opinion que j'ai

<hr>

(1) Kirchmann, p. 272. — De Caumont, *Elém. archéol.*, t. II, p. 240.

(2) Cl. Guischard, p. 70. — Cicéron, *de legibus*, 2.

(3) *Mémoire sur Cernay*, Soc. archéol., 1858.

(4) Guischard, p. 76.

déjà exprimée ci-dessus (1), je conclus avec MM. de Witte, Hase et Riocreux, auxquels j'ai soumis ces réflexions, que ces sépultures appartenaient à de puissantes familles.

§ III.

Bûcher et Cendres. — Si l'on enlève jusqu'à une profondeur moyenne d'un mètre quarante centimètres la couche épaisse de pierres calcinées et de terre végétale qui remplit presque la moitié du puits funéraire, l'on rencontre, comme vous pouvez vous le rappeler, des couches entièrement composées de cendres de bois au milieu desquelles se trouvent des fragments de charbon. Elles sont sillonnées dans leur épaisseur par des veines de terre végétale et renferment des ossements d'animaux domestiques. Elles proviennent de la combustion du bûcher qui était généralement composé de bois très-sec. Muret ajoute même que les Romains, pour le rendre plus inflammable, avaient soin de l'arroser avec des parfums et de l'huile offerts aux mânes du défunt (2). Nos pères, moins avancés en civilisation, se contentaient sans doute comme les pauvres de Rome, d'y verser de la poix et de la résine (3), et si nous admettons, ce qui est très-probable, que les Gaulois aient emprunté aux Romains quelques-uns des usages funéraires que ces derniers tenaient aussi des Grecs (4), nous verrons qu'ils entouraient le bûcher d'arbres verts, et de pins sylvestres, pour concentrer l'odeur au milieu de la flamme qui dévorait le corps (5). C'était dans un coin du bûcher que l'on plaçait les roseaux destinés à y mettre le feu (6). Comme l'on tenait aussi à ne pas mêler les cendres des victimes à celles du défunt, l'on avait soin de jeter les animaux que l'on sacrifiait dans un endroit spécial, destiné à cet usage, et qui portait le nom de *Culina* (7). « Cette place, disent Marcellin et « Statius Papinien, était réservée aux animaux que l'on pensait

(1) Voir page 115, ligne 20.
(2) Muret, ch. III, p. 27.
(3) Guischard, p. 72. — Valer. *Flaccus*, lib. 5.
(4) Kirchmann, *de Fun. rom.*, p. 8. — Pline, lib. 7, cap. 54. — Cicéron, lib. 2, *de legibus*.
(5) Guischard, p. 71.
(6) Virg., *En.*, IV et VI.
(7) Martial, lib. 10, ép. 95.

« devoir être agréables au défunt, tant volatiles que terres-
« tres (1). » Telle était la disposition des bûchers dont j'ai retrouvé les cendres ; leurs flammes ont dévoré ces hommes dont
les restes reposent près des ossements des animaux qu'on immolait en leur honneur (2).

§ IV.

Ossements. — Continuant à descendre dans ces fosses
profondes, si je poursuis en même temps mes investigations, je
rencontre au-dessous de la couche cinéraire dont je viens de vous
parler, un nombre considérable d'ossements d'animaux domestiques (3). Tantôt ce sont les restes du squelette d'un chien, tantôt
un bœuf entier privé de sa tête. Ici je trouve deux têtes de bœuf
séparées de l'animal : là le corps entier d'un mouton. Un peu plus
bas ceux de deux oiseaux et de deux musaraignes, dont les ossements sont réunis en groupes distincts, groupes attestant qu'ils
n'ont jamais été déplacés. Puis au milieu de quelques fragments
d'os les noyaux réunis d'un fruit sauvage. Enfin, dans tous, sans
exception, cette mâchoire de porc ou de sanglier apparaissant
comme un type symbolique que l'on retrouve sur les monnaies
gauloises ; elle n'avait point encore été signalée d'une manière
spéciale avant M. Boucher de Perthes, qui en a même dessiné
quelques-unes (4). Nous verrons aussi tout à l'heure que ce
fait n'avait pas échappé à l'auteur du *Cours d'archéologie monu-
mentale*.

Quelque étrange que paraisse au premier abord cette bizarre
collection d'ossements groupés autour d'une urne cinéraire, j'ai
cherché cependant à constater qu'elle n'était pas sans exemple
dans les annales de la science. Et j'ai vu que dans le fameux tu-

(1) MARCELLIN, lib. 19. — DENYS D'HALYCARNASSE, lib. 18.
(2) Cl. GUISCHARD, p. 76.
(3) M. Daridan, artiste-vétérinaire de Beaugency, m'a été d'un très-grand
secours pour reconnaître les diverses espèces d'animaux auxquels appartenaient ces ossements.
(4) BOUCHER DE PERTHES, p. 126 et 315.
« J'ai trouvé, dit-il, dans les vases celtiques un assortiment d'ossements
« de petits animaux tels que grenouilles, souris, taupes, musaraignes, tandis
« qu'aux alentours des mêmes urnes étaient des ossements d'animaux plus
« grands, tels que bœufs, sangliers et moutons. »

mulus de Fairy's toote, en Angleterre, l'on avait trouvé dans un caveau un squelette d'homme près duquel étaient des ossements de divers quadrupèdes (1). M. de Caumont nous apprend lui-même que l'on voyait quelquefois dans ces tumulus des os de cheval, de chien et d'autres animaux domestiques, et jusqu'à des cornes de cerf et des défenses de sanglier (2). Enfin, Messieurs, dernièrement, au fond d'une tombelle que je viens d'explorer près du château de la Touanne, j'ai recueilli plusieurs mâchoires de petits animaux rongeurs, exactement pareils à ceux que je rencontrai à Beaugency. Les ossements que renferme le cimetière antique que j'ai signalé dans cette ville, dénotent donc des habitudes gauloises se rattachant à certaines croyances religieuses que l'histoire nous a conservées et que je vais essayer de vous rappeler ici.

Lorsque je me livre à l'étude de ces temps reculés, une chose me frappe d'abord dans les cérémonies funèbres des gaulois ; c'est l'effusion du sang, c'est le sacrifice d'une victime, soit pour servir de viatique à celui que la mort venait d'enlever à sa famille, soit pour disposer leurs dieux en sa faveur ; car, suivant la croyance de ces peuples, tout ce qui était dans le tombeau s'en allait avec lui (3), et ce qui était sur le bûcher était destiné aux dieux infernaux (4). Aussi partageaient-ils toujours les présents qu'ils apportaient aux funérailles, entre cet autel de feu et cette tombe de pierre, entre ce dieu qu'ils invoquaient et ce mort dont ils pleuraient la perte (5). Les Gaulois, en effet, ne regardaient la mort que comme un voyage que l'on entreprenait pour aller jouir d'une vie meilleure où l'on n'avait plus besoin que de ses armes (6). Ils différaient en cela des Romains et des Grecs qui regardaient un mort comme une âme en peine que l'on devait soulager de temps en temps par des prières : et c'est pour

----

(1) *Gentleman's magasine*, vol. LIX, p. 392.

(2) *Él. d'arch.*, t. Ier, p. 130.

(3) LEGRAND, D'AUSSY, t. LIII, p. 459 et 673.

(4) BATISSIER, p. 303, 434. — GUISCHARD, p. 430. — Dom MARTIN, p. 228. — DE CAUMONT, p. 250. — LEGRAND D'AUSSY, p. 427.

(5) Dom MARTIN, t. II, p. 289.

(6) LEGRAND D'AUSSY, t. LIII, p. 673.

satisfaire à cette pieuse croyance, qu'ils coupaient un doigt à leurs parents défunts, afin de renouveler chaque année sur ce triste souvenir les cérémonies des funérailles (1). Ces ossements rappellent donc des offrandes faites à un mort et, pour achever de me rendre compte de leur présence dans ce lieu de repos, il faut examiner d'abord la place qu'ils y occupent et ensuite l'état dans lequel ils se présentent à l'observateur.

Placés près de l'urne qui renferme les restes du défunt, et enterrés sous un lit de cendres mélangé de terre, ils ont été mis là évidemment à son intention au moment où le vase cinéraire descendu au fond du puits n'était pas encore recouvert des débris fumants du bûcher. Si, maintenant, je les considère sous le rapport de leur conservation, deux choses me frappent de suite : leur agglomération et leur blancheur. Du premier fait il résulte, comme je l'ai dit plus haut, que depuis qu'ils sont là, les terres n'ont pas été fouillées ; car si ces fosses avaient été ouvertes avant moi, je n'aurais pas trouvé groupés ensemble les ossements des musaraignes et des gallinacées qui étaient près d'eux, ainsi que les crânes intacts de ces bœufs auxquels les cornes étaient encore adhérentes ; rien n'a donc été bouleversé dans les restes de ces animaux, et les sépultures qui les renferment sont arrivées intactes jusqu'à nous. La blancheur de leurs ossements me prouve de plus qu'ils n'ont pas subi l'action du feu, et que les animaux auxquels ils appartenaient n'ont pas été offerts en sacrifice aux dieux infernaux des Gaulois (2). Ils paraissent plutôt avoir été destinés à l'accomplissement d'un usage consacré à la mémoire du défunt. Je vois, en effet, dans Guischard et dom Martin, qu'à l'exemple des Romains qui faisaient immoler près du bûcher les animaux domestiques dont ils abandonnaient les restes pour le repas des pauvres (3), nos pères offraient à leurs morts les animaux qu'ils avaient aimés ou ceux dont la chair pouvait leur ser-

---

(1) Dom MARTIN, t. II, p. 290. — KIRCHMANN, p. 115. — *Origine du Droit français*, MICHELET, 1837, p. 320.

(2) BATISSIER, p. 303 et 434. — GUISCHARD, p. 430. — Dom MARTIN, p. 228. — DE CAUMONT, p. 250. — LEGRAND D'AUSSY, p. 427.

(3) GUISCHARD, p. 76 et 79. — Dom MARTIN, p. 213.

vir de nourriture pendant le trajet de ce monde dans l'autre (1).
C'était un honneur, dit Guischard, d'être brûlé avec le mort, on
ne pouvait l'accorder qu'aux esclaves, aux femmes, aux animaux
privilégiés ou consacrés aux dieux (2) ; et dès lors, il n'est pas
étonnant que les bœufs et les moutons en aient été privés, voici
ce qui semblerait expliquer pourquoi l'on ne remarque aucune
trace de feu sur les ossements de ces animaux domestiques (3).

Ici, Messieurs, vient se placer naturellement l'explication des
mutilations que m'ont offertes quelques-uns des squelettes que j'ai
rencontrés ; vous vous rappelez sans doute que jamais je n'ai
trouvé de porcs entiers dans les tombes ; mais que l'on n'y rencontrait que leurs mâchoires, ainsi que des têtes de bœuf sans
corps ou le corps de cet animal sans sa tête. Ce fait de têtes d'animaux et de mâchoires de porcs trouvés dans des sépultures antiques, n'a rien qui doive nous surprendre ; il a déjà été signalé
par M. Batissier, qui affirme que les anciens plaçaient dans leurs
sépulcres les têtes des animaux immolés (4) ; et M. Boucher de
Perthes est encore plus explicite, car il dit avoir reconnu la présence d'un grand nombre de mâchoires de sangliers ou de porcs
dans des tombeaux appartenant à la première période celtique (5),
et il regarde ces ossements comme les restes de repas funéraires
et de sacrifices (6). Cette opinion est aussi partagée par dom
Martin, qui atteste avoir retiré « d'un tombeau vraiment gau-
« lois, les dents pointues d'un chien » et des ossements exactement semblables à ceux que j'ai recueillis (7).

Mais ici, l'auteur des *Antiquités celtiques* va plus loin que le
Bénédictin, et il exprime nettement une idée qui me paraît
rentrer dans l'opinion qu'émet Creuzer au sujet du symbolisme
chez les anciens peuples (8) ; faisant allusion au langage des

---

(1) Dom MARTIN, p. 215. — KIRCHMANN, p. 289. — GUISCHARD, p. 79. —
  GIRALDUS, p. 442.
(2) GUISCHARD, p. 430.
(3) DENYS D'HALYCARNASSE. lib. 8. — MARCELLIN, lib. 9.
(4) BATISSIER, p. 308.
(5) BOUCHER DE PERTHES, p. 315 et 317.
(6) BOUCHER DE PERTHES, p. 315 et 317.
(7) Dom MARTIN, p. 265.
(8) CREUZER, *Relig. des anc. peuples*, t. II, p. 112.

fleurs des Orientaux et à celui des armes chez les Scythes, il
regarde cet assortiment bizarre de restes d'animaux de toute
espèce comme un moyen mystique adopté par les Celtes pour
transmettre aux races futures l'expression de leur pensée : Langue
symbolique à laquelle il donne le nom de *langage des os*. « Les
« animaux, dit-il, après avoir été employés pour faire des
« échanges (d'où vient le mot de *pecunia, pecus*) l'ont été pour
« exprimer des idées ; véritables hiéroglyphes que les Egyptiens
« ciselaient sur la pierre et que les Gaulois ensevelissaient dans
« la tombe. Souvent même, ajoute-t-il, ces singuliers caractères
« devenaient une espèce de sténographie, quand, au lieu de dépo-
« ser l'animal entier près de l'urne cinéraire, l'on n'y mettait
« qu'un seul de ses os ou une partie de son corps (1). »

Ces observations, comme vous le voyez, Messieurs, me four-
niraient donc un moyen d'expliquer complètement pourquoi je ne
trouvais souvent dans le cimetière de Beaugency que des portions
détachées d'un squelette au lieu de le trouver tout entier.

Quel que soit, du reste, le sens attaché à la présence de ces
divers quadrupèdes : que le bœuf rappelle la force ou le travail ;
que le porc, si vénéré dans les Gaules, soit envisagé comme le
symbole du sentiment religieux ; que le chien soit déjà l'emblème
de la fidélité comme il le fut au Moyen-Age au pied de la châte-
laine étendue sur le marbre de sa tombe, je devais appeler votre
attention sur des idées qui touchent de si près à mes découvertes,
et qui ont pour elles l'autorité d'un homme dont on connaît les
travaux consciencieux sur les mœurs de l'ancienne Gaule.

Maintenant il résulte pour moi, de tout ce qui précède, un fait
parfaitement établi, c'est que les restes extraits de ces sépultures
proviennent d'une partie des animaux offerts à celui dont on
pleurait la mort. L'on plaçait dans ces puits tout ce que leurs dimensions permettaient d'y introduire. Lorsque la fosse était vaste
comme celle d'où j'ai retiré le squelette d'un bœuf, on mettait
l'animal tout entier ; quand, au contraire, elle était trop petite
pour recevoir un porc ou une bête à cornes, on déposait d'abord
près de l'urne cinéraire les petits animaux tels que les chiens, les

---

(1) BOUCHER DE PERTHES, p. 132.

belettes et les oiseaux (1), puis on jetait les têtes des gros quadrupèdes, réservant leurs corps soit pour le bûcher, soit pour le repas funèbre qui terminait toujours ces lugubres cérémonies (2).

Quant aux sentiments qui présidaient au choix des animaux que les parents sacrifiaient au défunt, il est probable qu'ils se portaient de préférence sur ceux qu'il avait affectionnés pendant sa vie (3). Ou bien, si nous adoptons les idées de Creuzer et de M. de Perthes, ils s'adressaient à ceux qui, dans le langage symbolique de ces temps reculés, représentaient quelques-uns des avantages physiques ou des qualités morales qui l'avaient distingué durant le cours de son existence (4). Espèce de langage monumental destiné à perpétuer le souvenir laissé par celui dont on venait de déposer les cendres dans l'urne que l'on confiait à la terre.

§ V.

Vases. — Je viens de nommer l'urne cinéraire, ce vase destiné à rester pendant des siècles le compagnon fidèle de l'homme dans le tombeau. Lorsque la main du temps enlève chaque jour de la surface du globe les souvenirs que la main de l'homme cherche à y établir, l'urne cachée dans le sein de la terre survit aux événements qui renversent les palais et les temples, et souvent après des milliers d'années elle reparaît telle qu'elle était le jour où la douleur lui confia le dépôt qu'elle remet à la science. Lorsqu'elle se montre seule et que nous ne trouvons plus près d'elle ni armes, ni inscriptions, ni médailles, c'est elle cependant qui va nous servir encore de guide pour remonter à l'origine du tombeau qu'elle occupe. En effet, Messieurs, l'urne est l'autel de la tombe; autour d'elle viennent se grouper tous les souvenirs que renferme ce sanctuaire de la mort ; sa forme et ses ornements en constituent le style. C'est en étudiant son galbe et la matière qui la compose que l'on peut obtenir quelques indices

(1) MARCELLIN, lib. 19. — DENYS D'HALYCARN., lib. 18. — B. DE PERTHES, p. 126.
(2) GUISCHARD, p. 132.
(3) D. MARTIN, p. 215. — KIRCHMANN, p. 280. — GUISCHARD, p. 79. — GIRALDUS, p. 412.
(4) B. DE PERTHES, p. 132.

sur l'époque à laquelle elle est sortie des mains de l'ouvrier pour descendre dans sa demeure souterraine. Nous n'avons, il est vrai, que des débris sous les yeux ; car ici, comme dans bien d'autres endroits, les précautions que l'on a prises dès l'origine pour la soustraire à la destruction ont été la cause de sa ruine (1). Les vastes puits qui la contiennent, creusés dans le rocher, se transformaient en réservoirs dans lesquels l'eau du ciel détrempait tout ce qui s'y trouvait enterré; les ossements, les haches en silex ont résisté à cette action funeste ; mais les urnes, ramollies par l'humidité et écrasées sous le poids des terres et des pierres calcinées, se sont affaissées sur elles-mêmes en nombreux fragments. Enfin, le mode d'exploration que j'ai été forcé d'adopter a pu contribuer un peu à cette destruction ; car le terrassier, descendant dans le puits par son orifice, son poids devait nécessairement se faire sentir sur l'urne qu'il avait sous les pieds. Plus favorisés que moi, les ouvriers de M. Huet pouvaient entamer le rocher par le flanc, ce qui leur permettait d'entrer de côté dans les puits funéraires. Ils y ont, du reste, trouvé plusieurs fois des urnes presque entières qu'ils ont malheureusement brisées. M. Boucher de Perthes, M. Feret et M. l'abbé Cochet se plaignent dans leurs ouvrages d'avoir très-souvent rencontré dans leurs travaux ces tristes résultats de l'influence du temps (2).

Quelqu'incomplets que soient ces nombreux documents, ils ont cependant à mes yeux une grande importance ; plus d'une fois, en effet, les lambeaux d'une vieille charte ou les débris d'une inscription antique m'ont offert un nom ou une date précieuse, et le fragment d'un chapiteau ou la légende presque effacée d'un sceau ou d'une médaille m'ont souvent révélé un fait curieux ou un souvenir historique (3). C'est sans doute à ce titre que les

---

(1) *Normandie souterraine*, p. 169.

(2) FERET, *Mém. soc. Ant. norm.*, 1826, p. 60. — BOUCHER DE PERTHES, p. 84. — *Normandie souterraine*, p. 169.

(3) J'ai vu à Ferrières, en Gâtinais, sur un vieux chapiteau, le combat de Pépin le Bref contre un lion ; et c'est l'exergue d'une médaille frappée à Beaugency sous Charles le Chauve, qui permit à M. Duchalais de reculer jusqu'à ce roi l'existence d'une ville sur laquelle on ne possédait aucun document antérieur au XIe siècle.

nombreux fragments classés dans le musée de la manufacture de Sèvres sont redevables de la place que M. de Riocreux leur a donnée dans sa riche collection.

Je vais donc essayer de remonter à l'origine de ces vases antiques dont j'ai pu recomposer quelques-uns à l'aide des fragments que j'ai eu à ma disposition, et des renseignements que j'ai recueillis (1). Il résulte de leur inspection et des études spéciales que j'ai faites sur ce sujet, qu'ils peuvent se diviser en deux classes parfaitement distinctes : les vases cinéraires sans anses et les vases domestiques ou religieux munis d'une ou plusieurs anses. Les premiers à forme ollaire ou de pot au feu, de couleur noire, et ayant le fond convexe, sont composés d'une pâte plus ou moins grossière, dont la fracture est noire dans toute son étendue. Cette couleur tient au charbon qui entre dans leur composition (2). Ils présentent autour de leur orifice diverses moulures que j'ai reproduites avec soin (3). Leur forme paraît invariable et semble, comme le dit M. de Caumont, avoir été consacrée exclusivement à ces cérémonies funèbres (4). Les seconds sont faits pour les usages de la vie et sont garnis d'anses. Ils ont le fond plat, présentent une couleur jaune pâle et affectent généralement la forme de nos cruches (5). Je ne puis, du reste, mieux les comparer qu'à ceux dessinés par M. l'abbé Cochet dans sa *Normandie souterraine* (6). Quoiqu'ils paraissent destinés au service domestique, ils auraient pu, dans certaines circonstances, être employés aux cérémonies religieuses ; car dom Martin remarque que souvent les Gaulois garnissaient d'anses les vases dont ils se servaient pour les sacrifices (7). Ils sont, du reste, mal cuits et laissent voir le deutoxide noir de fer qui apparaît au milieu des deux couches rougies par

(1) Pl. III, fig. 1, 2 et 3.

(2) RAVIN, BOUCHER DE PERTHES, p. 509.

(3) Pl. III, fig. 3, lettres G, H, K, L, M, N, O, F.

(4) DE CAUMONT, *Elém. d'arch.*, t. I, p. 259.

(5) Pl. III, fig. 2.

(6) *Norm. souterr.*, p. 171.

(7) D. MARTIN, p. 297.

le peroxyde, comme dans les vases gaulois que M. Boucher de
Perthes à découverts à Manchecourt (1). Avant d'examiner séparément ceux qui nous occupent, je dois vous faire observer que
dans les nombreux fragments que j'ai eu sous les yeux, je n'ai
remarqué aucune trace de cette arête saillante que présentent
vers le milieu de la panse les urnes gauloises qui se trouvent dans
le bel ouvrage de M. Brongniart (2). Nous allons étudier maintenant ces deux genres de produits céramiques.

Les urnes cinéraires se divisent évidemment en deux classes
présentant un aspect bien différent : les unes sont composées
d'une pâte complètement noire, les autres ont été noircies pour la
circonstance par un procédé plus expéditif. Les premières me
paraissent les plus anciennes ; leur fabrication est grossière : leur
cassure granuleuse, qui offre une grande quantité de grains de
sable à l'état naturel mêlés avec de petites pierres blanches, présente à la fois un aspect lamelleux et peu homogène ; leur cuisson
est mal faite, et même ils paraissent plutôt séchés au soleil que
passés au feu. Ils sont noirs dans toute leur épaisseur qui est
de neuf à dix millimètres ; on y rencontre des cailloux de la
grosseur de ceux des vases celtiques de Port-Legrand. Leur
extérieur prouve la même rudesse de fabrication. La pâte, entraî-
née et pétrie par une main peu exercée, n'est même pas unie
dans son pourtour. L'on croit voir les vases de Fontenay-le-
Marmion, que M. de Caumont regarde comme bien antérieurs
à la domination romaine (3) ; et M. l'abbé Cochet, auquel
j'avais communiqué un échantillon de cette poterie, n'a pas
hésité un instant à la regarder comme d'origine gauloise (4).

Tel est l'aspect des premières urnes funéraires : quant aux

(1) BOUCHER DE PERTHES, p. 76.

(2) *Traité des Arts céramiques*, pl. X, fig. 1 et 2.

(3) DE CAUMONT, *Elem. d'arch.*, t. I, p. 25.

(4) Ces deux vases sont évidemment celtiques, le premier surtout est entièrement semblable aux poteries gauloises de la cité de Limes, près Dieppe ;
de Moulineaux, près Rouen ; de Fontenay-le-Marmion, près de Caen ; et aux
poteries les mieux caractérisées du musée de Sèvres.

(Lettre du 4 septembre 1858.)

secondes, d'une pâte un peu plus fine, elles sont cuites d'une manière plus complète, mais leurs parois ne sont noircies par le feu que dans certains endroits; on voit qu'elles ont été placées au-dessus d'une flamme qui en a frappé surtout les parties saillantes : telles que la panse et le dessous du bord supérieur, épargnant la partie concave qui joint la panse au goulot. Deux d'entre elles présentaient sur leur pourtour un petit dessin imprimé en creux dans la pâte, de huit millimètres de largeur, et ressemblant à des feuilles de fougère : sur l'une les feuilles étaient un peu plus larges que sur l'autre, tout en étant cependant disposées de la même façon. Cet ornement me paraît gallo-romain. L'intérieur de ces vases ne présente aucune trace de feu dans sa partie supérieure, mais le fond semble noirci par les cendres brûlantes que l'on y déposait. M. de Perthes constate le même fait en ces termes : « J'ai vu, dit-il, des vases très-anciens qui portent « les traces du feu, soit parce qu'ils en ont été approchés, soit « parce qu'ils ont été remplis de cendres brûlantes (1). » Cet effet de la chaleur ne pénètre pas dans l'intérieur de la paroi dont l'épaisseur est de quatre à cinq millimètres. Ces deux espèces d'urnes ont renfermé les restes de l'incinération d'un corps, et c'est dans un fragment de celle du dernier genre que j'ai aperçu cette dent humaine adhérente encore aux cendres qui étaient attachées elles-mêmes au fond du vase. Cette curieuse découverte n'a rien qui doive nous surprendre, lorsque nous voyons Guischard, dans son *Traité des funérailles*, affirmer, d'après les témoignages de Pline et de Tertullien, que l'on trouvait toujours les dents entières et qu'elles ne se consumaient point au feu (2). Permettez-moi, maintenant, Messieurs, d'appeler un instant votre attention sur ce petit ossement; car en lui se résume, suivant moi, toute l'histoire de ce cimetière : En effet, cette dent a appartenu évidemment à un être humain; les traces de feu qu'elle présente prouvent que cet homme a été brûlé; la place qu'elle occupait atteste que ses cendres ont été

(1) Boucher de Perthes, p. 13.

(2) Guischard, p. 80.

déposées dans un puits funéraire ; mais autour de ce puits, j'en trouve vingt-huit autres absolument semblables ; donc chacun de ces derniers a été destiné à recevoir des cendres humaines, donc leur réunion forme un vaste champ de repos dont nous ne connaissons pas encore les limites.

Quant aux vases qui ne présentent aucune trace d'incinération et qui cependant se trouvent aussi dans ces antiques sépultures, je les considère comme ayant renfermé des offrandes à l'usage du défunt pour compléter le repas qu'il devait faire avec la chair des animaux dont nous avons retrouvé les ossements, c'étaient probablement ceux dont il s'était servi le plus souvent pendant sa vie. Du reste, l'opinion que j'avance se trouve confirmée par le témoignage de divers auteurs. M. Boucher de Perthes (1) et Legrand d'Aussy (2) attestent tous les deux l'usage que je rappelle ici pour expliquer la présence des vases domestiques au sein d'un tombeau. Quelques-uns de ces derniers étaient même quelquefois transformés en urnes cinéraires. De ce nombre est l'espèce de cruche que représente la planche III (3). Elle a été extraite de celle des sépultures de Beaugency, que j'ai désignée par la lettre K (4); elle renfermait des cendres qui ont été recueillies par M. Desjobert et les petits fragments de côtes humaines calcinées que j'ai déposés au Musée de la ville. Il paraîtrait que ce changement de destination se présentait assez souvent dans les anciens cimetières. M. de Caumont a constaté plus d'une fois ce fait dans son *Cours d'archéologie* (5) et M. Ravin (6) dit, à ce sujet, avoir vu sur ces vases certains couvercles striés semblables à celui que j'ai trouvé moi-même dans un des puits funéraires et dont j'ai représenté le plan et la coupe (7). Enfin, il résulte de l'examen de ces sépultures un

---

(1) BOUCHER DE PERTHES, p. 134.

(2) LEGRAND D'AUSSY, t. LIII, p. 669.

(3) Fig. 2, lettre E.

(4) Pl. Ire, fig. 3.

(5) DE CAUMONT, *Cours d'arch.*, t. I, p. 240.

(6) BOUCHER DE PERTHES, lettre de M. Ravin, p. 509.

(7) Pl. III, fig. 3, lettres I et R.

fait important que je recommande à votre attention. Les ouvriers de M. Huet avaient constaté qu'outre l'urne principale qui occupait le fond du puits, elles renfermaient souvent les débris de plusieurs vases cinéraires. J'ai vérifié moi-même l'exactitude de cette observation dans toutes celles que j'ai fait déblayer sous mes yeux, et j'en ai conclu que chacun de ces vastes tombeaux était une véritable sépulture de famille qui avait dû servir à plusieurs générations.

En résumant, Messieurs, ce que je viens d'avoir l'honneur de vous dire sur cette partie intéressante de nos fouilles, je distingue dans les urnes qu'elles nous ont fournies trois époques bien tranchées que je désignerai par les noms de première et de seconde période gauloise et de période gallo-romaine.

La première période gauloise est antérieure à l'invasion romaine, et se perd dans la nuit des temps : la seconde période gauloise s'étend depuis l'invasion des Romains jusqu'à la fin du premier siècle de notre ère et renferme cent cinquante ans : la troisième, enfin, qui est la période gallo-romaine, nous conduit à la fin de l'incinération des corps, ce qui lui donne une durée à peu près égale à la seconde.

Dans la première époque je classe toutes les urnes dont la pâte grossière et les formes rustiques ne présentent aucune trace du tour et offrent une analogie frappante avec celles de Port-Le-grand, le Moulineaux, qui sont les sépultures les plus anciennes que l'on connaisse jusqu'à ce jour. Je place dans la seconde époque toutes ces poteries de transition dont les formes simples, la pâte encore mal préparée, et les marques du tour annoncent déjà l'influence de la civilisation romaine. Enfin, je range dans la dernière époque celles dont les pâtes fines, les formes sveltes et les dessins délicats indiquent le temps où les arts florissaient dans les Gaules. J'aurai encore l'occasion à la fin de ce Mémoire de revenir sur ces objets intéressants. Je passe maintenant aux instruments de guerre qui se trouvaient près d'eux dans la tombe.

§ VI.

Armes. — Les Gaulois, en confiant à la terre les cendres de leurs parents, ne mettaient pas seulement auprès de l'urne funéraire les mets destinés à les soutenir dans le trajet de cette vie dans l'autre ; mais ils les entouraient encore de ce qu'ils avaient de plus cher et de ce qui pouvait leur être utile (1). C'est ainsi que l'on a trouvé souvent au fond de ces sépultures les couteaux, les armatures de flèches et ces haches en silex dont ils s'étaient servis pendant leur vie. Ces armes que M. Boucher de Perthes signale comme apparaissant dans la couche de la première période celtique (2), et qu'il place à la profondeur de quatre mètres, méritent d'être examinées avec soin. Ce n'est pas sur leur extérieur si connu que j'appelle ici votre attention ; mais c'est surtout sur la place qu'elles occupaient dans le sein de la terre. Nous savons tous que l'on rencontre souvent à la surface du sol des armes de ce genre ; mais elles sont presque toujours isolées et jetées au hasard au milieu de la terre végétale qui compose la superficie des champs. Ici tout est différent : la hache celtique apparaît faisant partie de ce mobilier funéraire qui entoure l'urne confiée au secret du sépulcre, ces armes appartenaient certainement à celui dont je retrouve les cendres. Il y a deux mille ans qu'elles sont descendues avec lui dans la tombe, et c'est escortées de son souvenir qu'elles doivent en sortir aujourd'hui. Enfin, lorsque dans ces couches profondes nous les rencontrons seules : sans fer, sans bronze et sans aucun métal, elles nous présentent un caractère de haute antiquité qu'il est difficile de méconnaître ; c'est alors qu'elles nous rappellent une observation importante faite par Legrand d'Aussy, lorsqu'il dit qu'un usage très-ancien chez les peuples de la Gaule était de déposer près de l'urne cinéraire tout ce qui pouvait être utile au guerrier dans l'autre vie (3) fait qui est aussi confirmé par l'auteur de la *Religion des Gaulois* (4).

J'avais cru jusqu'à ce jour que ces haches se plaçaient dans un bâton fendu comme le sont les ciseaux dont nos serruriers se servent pour couper les barres de fer ; pensant donc que le man-

(1) Legrand d'Aussy, t. LIII, p. 459.
(2) Boucher de Perthes, p. 449.
(3) Legrand d'Aussy, t. LIII, p, 459.
(4) Dom Martin, t. II, p. 323.

che devait être consommé après tant de siècles, il ne m'est pas
venu dans l'idée de le chercher pendant mes fouilles. Depuis, j'ai
vu dans l'ouvrage de M. de Perthes que l'on avait trouvé à
Abbeville, le 4 juillet 1857, une hache celtique encastrée dans un
os percé d'un trou destiné lui-même à recevoir un manche de
bois (1). On pourrait donc admettre par analogie que les nôtres
ont été montées par le même procédé. Cependant, je n'ai pas
rencontré un seul ossement qui pût s'appliquer à cet usage, et
qui représentât la forme indiquée sur le dessin que donne l'ouvrage de M. de Perthes.

Je terminerai la série des objets que j'ai trouvés moi-même, en
vous rappelant ces noyaux de fruits que j'ai rencontrés à quatre
mètres quinze centimètres de profondeur, réunis dans un même
endroit. Je ne puis m'expliquer leur présence près de ce vase
funéraire, qu'en me reportant aux usages dont je vous ai déjà
entretenus, et qui consistaient à entourer l'urne du défunt, des
divers mets dont il pouvait avoir besoin pour aller habiter le
monde meilleur dont la mort lui ouvrait le chemin. Je vous rappellerai aussi que c'est dans cette tombe que j'ai trouvé, sans
doute en vertu des habitudes que signalent Ammien, Marcellin
et Denys d'Halicarnasse, deux gallinacées, deux animaux rongeurs de l'espèce des musaraignes et deux têtes complètes de
bêtes à cornes (2). Et, comme Guischard, dans son *Traité des
sépultures anciennes*, parle de ces couples d'animaux que l'on
offrait souvent dans les funérailles (3), il est évident que nous
retrouvons ici un souvenir de cet antique usage (4).

Après vous avoir énuméré mes découvertes, il me reste encore,
Messieurs, pour compléter l'examen raisonné de tout ce que renferment ces puits funéraires, à vous dire quelques mots des

(1) BOUCHER DE PERTHES, p. 104.

(2) Am. MARCELLIN, lib. 19. — DENYS D'HALICARNASSE, lib. 18.

(3) GUISCHARD, p. 138.

(4) J'ai extrait moi-même, il y a quelque temps, du tumulus de Fontaines,
situé commune de Bacon, et près des ossements du squelette qu'il renfermait,
les mâchoires de petits animaux tont à fait semblables à ceux que je trouvais au fond des sépultures de Beaugency.

divers objets que nous devons à M. Desjobert. Parmi eux, deux
surtout offrent un certain intérêt. Le premier est le bloc de verre
dont je vous ai parlé, le second, la lame de couteau qui était
emmanchée dans un os sculpté en pointe de diamant. Je vous
rappellerai que ce morceau de verre était près d'une urne aux
parois minces et délicates. Quant à la bande de fer recourbée,
aux fragments de tuile romaine, au fer de cheval et à l'agrafe en
bronze dont les entre-lacs ressemblent beaucoup à ceux que l'on
voit sur la fibule venant du cimetière de la vallée d'Etretat,
ces objets se sont trouvés dans des couches trop voisines de la
surface du sol pour que je puisse apprécier au juste leur antiquité. Revenons donc sur les deux premiers : le couteau et le
bloc de verre. Le couteau se compose d'une lame et d'un os (1)
grossièrement sculpté, qui lui servait de manche. Cette lame
présente quelque analogie de forme avec celle que l'on retrouve
dans le cimetière cité plus haut (2). Ces instruments étaient, du
reste, connus très-anciennement des Gaulois ; car Possidonius,
qui vivait cent ans avant Jésus-Christ, rendant compte d'un repas
qu'il avait fait chez ces peuples, s'exprime ainsi : « Chacun saisit
« à deux mains quelques membres entiers de l'animal et le mange
« en mordant à même, mais si le morceau est trop dur on le dé-
« pèce avec un petit couteau (3). » Quant au manche en os,
je lis dans M. de Perthes que dans toutes les sépultures celtiques
il a trouvé des tibias et des fémurs brisés, de manière à servir de
manches ou de poignées à des couteaux (4). En rapprochant ces
deux passages, je ne suis pas étonné de rencontrer ce petit instru-

(1) Pl. III, fig. 3, lettre P.

(2) *Normandie souterraine*, p. 422.

(3) *Public. pour la rech. des mon. hist. du Luxembourg*, t. VIII, p. 34.
Comme l'auteur de cette publication n'a pas traduit mot à mot le texte de
Possidonius, j'ai voulu le reproduire ici en entier :

« *Leonum more manibus ambabus integra membra diripientes mordi-
cantesque vescuntur. Quare si paulò difficilius, quid piam divelli oporteat,
id parvis quibusdam cultellis quos singuli in vaginis appensos ferunt disse-
cantes comedunt.* »

(Athenée *dipnosophistarum*, liv. IV, ch. 13 ; édit. 1556, p. 193.)

(4) Boucher de Perthes, p. 113.

ment de ménage dans une urne dont la grossièreté de forme
rappelle l'époque celtique.

Si j'examine maintenant le morceau de verre qui était près
d'un vase dont le galbe et la pâte indiquent les premières années
de l'ère chrétienne, sa présence dans ce lieu de sépulture me
semble s'accorder parfaitement avec ce que disent les auteurs
anciens sur la fabrication du verre dans les Gaules. Pline, en
effet, qui vivait quelques années après Jésus-Christ, affirme que
de son temps déjà l'art de fabriquer le verre était passé de l'Italie
dans les Gaules et l'Espagne (1). Et comme les premiers verres
étaient noirs et semblables à la pierre d'Obsidius, dont parle Isidore (2) ; celui que nous avons, présentant cette nuance, paraît
remonter à l'époque où les Gaulois commençaient à s'exercer à ce
genre d'industrie. Les verriers auxquels je l'ai fait voir, l'ont re-
gardé comme un produit excessivement grossier. Il ne serait
donc pas étonnant qu'il fût contemporain de l'urne près de laquelle
il était placé. Ce ne serait pas la première fois, du reste, que l'on
aurait trouvé du verre dans les sépultures gauloises : le tumulus
de Limerzen, en Bretagne, renfermait des cendres, des fragments
de verre et un vase funéraire plein d'ossements calcinés (3). L'on
me demandera maintenant la cause de sa présence dans cette
tombe ? Etait-ce une amulette ? Je ne le pense pas ; car généralement les amulettes se portaient au cou, et celle-ci ne présente
aucun orifice qui eût pu servir à la suspendre ; d'ailleurs elle
eût été un peu lourde et embarrassante, puisque cette masse
de verre pèse 300 grammes et a huit centimètres de dia-
mètres sur trois d'épaisseur ; était-ce donc, comme le pensait un
archéologue, auquel je l'ai montré, le résultat de la fusion d'un
collier que portait à son cou ou à son bras le cadavre consumé
sur le bûcher funéraire ? Cette hypothèse ne me paraît pas admis-
sible, car je retrouverais encore adhérentes à ce verre des stries
de charbon ou de terre qui s'y seraient mêlées pendant qu'il était
encore en fusion, et l'on n'en voit pas une seule à sa surface. Je

(1) Pl. lib. XXXVI, § 66.
(2) Isidore, lib. XVI, ch. 4.
(3) Boucher de Perthes, p. 514.

pense plutôt que ce pouvait être un souvenir de l'état exercé par celui dont les restes sont enfermés dans cette tombe gallo-romaine. L'on enterrait les femmes avec leurs bijoux, les guerriers avec leurs armes (1), les enfants mêmes avec leurs biberons (2) : celui dont on a retrouvé l'urne a donc bien pu être enterré avec l'attribut de sa profession qui sans doute était la fabrication du verre. Quelle que soit, du reste, sa destination que M. l'abbé Cochet lui-même, auquel je l'avais envoyé, n'a pu m'expliquer (3), je dois vous faire part d'un fait assez singulier qui paraît se rattacher à cette découverte. Il y a quelques jours, j'appris que M. l'agent-voyer de Beaugency avait trouvé au milieu de débris antiques une masse de verre brut ayant la forme d'un énorme bouton. Je me rendis de suite chez lui, et quel fut mon étonnement lorsqu'il me montra un bloc de verre, dont la forme, les dimensions, la couleur, la substance et le poids sont tellement semblables à celles du morceau dont je viens de vous parler, qu'il est impossible de ne pas être frappé de suite de leur identité. Nous remarquerons seulement que la couche extérieure du second a été légèrement altérée sur une épaisseur d'un millimètre, par le milieu dans lequel il a séjourné pendant bien des siècles ; mais il est facile de s'assurer, à l'aide des fissures qu'elle présente, qu'il est composé de la même matière que le précédent. Jusqu'à ce que la science se soit prononcée sur l'usage de ces blocs de verre dont le rapprochement présente une analogie remarquable, je me contenterai de les signaler à l'attention des personnes qui se livrent à l'étude de l'antiquité (4).

§ VII.

Forme des Tombeaux. — Maintenant, Messieurs, que ces sépulcres sont vides, que ces immenses puits funéraires sont

---

(1) D. MARTIN, t. I, p. 214.

(2) COCHET, *Normandie souterraine*, p. 63.

(3) J'ignore complètement à quoi a pu servir le bloc de verre plat ou plutôt hémisphérique noir comme du verre à bouteilles.

(Lettre du 4 septembre 1858.)

(4) Notre collègue M. Dupuis vient d'en trouver de pareils pour la forme et la matière, mais plus petits que les miens, dans une piscine des bains romains de Montbouy.

ouverts devant vous, je vais compléter mes recherches archéologiques en examinant si leur forme ne nous annonce pas une origine celtique, et si elle ne vient pas, par cela même, confirmer
l'opinion que j'ai émise sur les objets qu'ils renferment. Si je
consulte, dans ce but, l'ouvrage de dom Martin sur les sépultures
des Gaulois, je vois que ces peuples, dans la construction de
leurs tombeaux, cherchaient à imiter les Etrusques et les Tos-
cans. « Ces sépulcres, dit-il, n'étaient de leur nature qu'une
« fosse fort enfoncée (*scrobis profundus*). Tous ceux qui ont été
« découverts jusqu'ici justifient cette opinion. La fosse était quel-
« quefois ornée d'une maçonnerie ronde, on a trouvé même des
« pierres entières dans celles creusées en rond, qui contenaient
« les cendres des morts et autres choses particulières à la nation
« gauloise (1). » — Cette assertion du savant bénédictin se trouve
encore appuyée par un passage que j'emprunte à un commentateur de Silius Italicus, qui affirme que dès les temps les plus
anciens les sépulcres n'étaient autres que des fosses creusées
profondément, dans lesquelles les restes de l'homme étaient plutôt
enfouis qu'ils n'étaient ensevelis : *Antiquissimis temporibus sin-
gularia vel privata sepulcra nihil aliud fuisse quam scrobes in
terra cavatos quibus infodiebantur potiùs quàm sepeliebantur* (2).

J'ai voulu citer en entier les passages du savant français et du
commentateur du poète latin, car non-seulement ils rappellent
la forme caractéristique des sépultures de Beaugency; mais encore
ils font allusion aux vases cinéraires, aux ossements et aux armes
en silex dont nous avons parlé, et rendent parfaitement compte
de leur présence dans les vastes puits qui les renferment.

C'est ici l'occasion de vous exposer l'interprétation d'un fait
qui s'est reproduit bien souvent pendant nos fouilles, et que je
crois utile de vous rappeler. Les ouvriers de M. Huet, ainsi que
les miens, avaient rencontré fréquemment près des grands puits
funéraires de petites excavations circulaires ayant environ un
mètre de diamètre sur quatre-vingt-dix centimètres de profondeur, et renfermant un mélange de cendres et de charbons au

____

(1) D. MARTIN, t. II, p. 252.
(2) *Comment. de* SILIUS ITALICUS, lib. 13.

milieu desquels se trouvaient quelques briques et des fragments
de poterie gallo-romaine. Pensant que ces cendres avaient appartenu à des êtres humains, ils regardaient ces petites fosses comme
des tombeaux d'enfants. Sans m'arrêter à cette dénomination qui
ne peut être admise, puisque les enfants au-dessous de sept ans
n'étaient presque jamais brûlés (1), je verrais plutôt dans ces
petites fosses des fourneaux destinés soit à faire cuire sur place
et avec les débris embrâsés du bûcher, les viandes que les pauvres
se partageaient et qu'ils mangeaient sur le lieu même (2), soit à
faire durcir au feu le vase cinéraire qui devait recevoir les restes
du défunt et que l'on fabriquait souvent au moment de s'en servir. Il est certain qu'ils présentent tous les caractères d'un foyer
éteint dont je crois avoir découvert le double usage.

Telles sont, Messieurs, les appréciations archéologiques que
l'état actuel de la science m'a permis de vous soumettre sur les
objets divers qui ont été trouvés jusqu'à ce jour dans le cimetière
gaulois de Beaugency. Je ne puis mieux résumer tout ce que vous
venez d'entendre qu'en vous présentant l'ensemble des cérémonies funèbres dont cette colline a été le théâtre, et en cherchant
avec vous l'époque à laquelle elles se rapportent. Lorsqu'on n'a
sous les yeux que quelques fragments de poteries grossières et
sans ornements, des débris d'ossements calcinés adhérents encore
à des cendres humaines, des pierres brunies par la flamme d'un
bûcher, quelques armes en silex, et les restes blanchis d'animaux
immolés aux funérailles d'un homme mort depuis vingt siècles,
ces témoins silencieux des mœurs de nos ancêtres nous appren-
draient bien peu de choses sur leurs usages funéraires, si l'histoire n'était là pour dissiper le nuage mystérieux qui les sépare
de nous. Aussi suis-je heureux de pouvoir exposer aujourd'hui
devant vous tout ce que j'ai pu recueillir sur ces anciennes cou-
tumes, et je ne doute pas qu'en les passant en revue vous ne

---

(1) Juvénal, *Sat.* XV, vers 138. — Cochet, *Sépultures gauloises*, p. 7-66.
— Thomas Wright, *The celt., the roman.* — Cochet, *Normandie souterraine*, p. 108, 129 et 133.

(2) Guischard, p. 78. — Tibulle, lib. I, vers. 17. — Pline, lib. X, ch. 10.

soyez frappés du rapport qui existe entre ce que vous allez entendre et les précieux souvenirs que vient de vous offrir ce vaste champ de repos.

Funérailles Gauloises.—Longtemps avant la conquête des Gaules par les Romains, les habitants de cette contrée brûlaient leurs morts (1), soit afin que l'âme, débarrassée du corps, pût s'envoler plus facilement au ciel, soit que regardant le feu comme une divinité, elle pût être reçue de suite dans le sein d'un Dieu, ou bien enfin pour que le corps, en quittant cette vie, fût purifié par le feu avant d'en commencer une autre. (2). Quelle que soit, du reste, l'origine de cet usage, César le cite comme un fait existant déjà depuis longtemps, et il ajoute qu'il n'y avait que peu d'années qu'ils avaient cessé de sacrifier en cette occasion des victimes humaines. Si nous remontons encore plus haut, Tite-Live nous apprend que trois siècles avant Jésus-Christ, lorsque les Gaulois mirent le siége devant Rome, ils entassèrent près des murs de la ville les cadavres de leurs morts et les brûlèrent en masse. Et il ajoute que depuis cette époque ce champ conservait le nom de bûcher gaulois (3). Enfin, Pomponius-Mela, contemporain de Tibère, atteste que de son temps encore les Gaulois jetaient dans le bûcher les lettres qu'ils adressaient à leurs parents défunts (4). Il est donc démontré clairement par l'histoire, qu'au moins trois cents ans avant Jésus-Christ jusqu'au iiie siècle de l'ère chrétienne, l'usage de brûler les corps subsista dans les Gaules (5). Il me reste maintenant à vous rendre compte de cette lugubre cérémonie.

Dom Martin nous apprend que les funérailles des Gaulois étaient pompeuses et accompagnées d'une foule de superstitions dont le détail nous est inconnu (6). « Tout ce qu'on sait, dit-il,

(1) César, *de Bello gallico*, lib. VI, § 19. — Routz, t. XXIX, p. 37.
(2) Guischard, p. 249.
(3) Tite-Live, lib. 5.
(4) Pomp. Mela, *de Situ orb.*, lib. II.
(5) D. Martin, p. 214.
(6) D. Martin, p. 214. — De Caumont, *Elém. d'arch.*, t. II, p. 250.

c'est que le mort était porté jusqu'au champ du repos, sur un banc couvert de grands draps qui flottaient au gré des vents(1).» Arrivé sur la colline qui avoisinait la ville, on s'arrêtait au pied du bûcher (*pyra*) (2) qui avait été dressé en forme d'autel sur le bord du puits funéraire. Il était établi sur un massif nommé *bustum*, composé d'une couche d'argile de cinq centimètres d'épaisseur, dont j'ai retrouvé de larges fragments calcinés, et sur laquelle on plaçait les pierres que l'on avait retirées en creusant le lieu de sépulture. Ces pierres qui portent encore aujourd'hui l'empreinte des flammes devaient être rangées sous forme de petits murs parallèles pour permettre de placer sous le bûcher les matières combustibles destinées à l'allumer. On déposait, enfin, sur le sommet le banc sur lequel le corps était étendu (3).

Un des parents mettait alors le feu en détournant la tête. La flamme bientôt commençait à s'élever du bûcher qui prenait le nom de *rogus*, et avec elle montaient jusqu'aux nues les cris et les gémissements de toute l'assistance (4). Chaque ami, chaque parent apportait au mort son offrande ; l'un jetait des lettres dans lesquelles il lui exprimait les sentiments « de l'amitié la « plus intime ; l'autre envoyait dans les flammes les billets de

(1) De Caumont, *Elém. d'arch.*, t. II, p. 250. — Sulpice-Sévère, *Vita S. Mart.*, ch. IX.

(2) Guischard, p. 69.

(3) Plusieurs auteurs prétendent que l'on couvrait le corps d'une toile incombustible pour pouvoir en recueillir les cendres (*a*) ; mais en supposant que cette toile, venue, dit-on, des Indes, eût existé, elle eût été d'un prix trop élevé pour être employée sur une aussi grande échelle. Après avoir donc réfléchi sur cette question, que je m'étais souvent posée, je préfère admettre avec Kirchmann (*b*) que l'on cherchait à recueillir le plus exactement possible les restes du défunt dans l'endroit où l'on présumait que le corps s'était affaissé, et je le suppose simplement enveloppé dans le drap blanc dont nous avons parlé ci-dessus.

(4) Guischard, p. 76.

(*a*) Pline, lib. XIX, ch, 1. — Festus : *verbum culina.* — Muret, p. 27.

(*b*) Kirchmann, p. 319. — Voici ce qu'il dit à ce sujet :

Hoc igitur modo positi in rogo cadaveris ossa quæ supererant colligebantur et quidquid cinerum indè decuti atque detergi potuit in urnam conditum existimo. Nam alias omnes cineres combusti corporis distingui situ, potuisse ab iis qui è lignis nascebantur vero non est simile, atque de hâc questione itâ ego statuo, si quis meliora excogitavit maximam à me gratiam inibit.

« l'argent qu'il avait prêté sur cette terre pour qu'ils puissent
« lui être utiles un jour dans l'autre monde (1); » enfin, l'on
mettait sur le bûcher une partie des armes et des meubles qui
lui avaient servi pendant sa vie (2). Dans ce moment solennel les
sanglots des assistants se mêlaient aux mugissements des victimes égorgées que l'on jetait dans le *culina* (3) en répandant
leur sang pour apaiser Mars, Vénus et Mercure, dieux infernaux
de ces peuples barbares (4). Bientôt des victimes d'un autre
genre s'approchaient du bûcher fatal, c'étaient les silodounes (5)
qui devaient périr par le feu pour aller servir leurs maîtres dans
une autre vie. A côté de ces hommes se dévouant volontairement
à la mort et qui trouvaient en eux assez de courage pour suppor-
ter jusqu'au bout cet affreux sacrifice, représentez-vous, Messieurs, les malheureux prisonniers que l'on précipitait de force
dans cette fournaise ardente (6). Pensez aux cris de désespoir
que leur arrachait l'amour de la vie, à la lutte terrible qu'ils
devaient engager avec les satellites de l'autel embrâsé qui
les dévorait : lutte suprême à la fin de laquelle ils retombaient
épuisés dans les flammes ; et ces scènes barbares vous donneront
une idée du spectacle lugubre et sanglant dont cette colline a été
plus d'une fois le théâtre. Cependant le feu et la fumée s'élevaient
toujours en noirs tourbillons, les cris s'étouffaient peu à peu, les
sanglots de la douleur des parents couvraient enfin les derniers
râlements des victimes expirantes : et le bûcher, s'affaissant sur

---

(1) Dom MARTIN, p. 223 et 218. — POMP. MELA, lib. III, p. 155. —
    DIOD. DE SICILE, p. 305, édit. de 1605. — HENRI MARTIN, t. I, p. 81.

(2) D. MARTIN, p. 294.

(3) GUISCHARD, p. 76.

(4) D. MARTIN, t. II, p. 228.

(5) HENRI MARTIN, t. I, p. 44, par POLYBE. *Eteireia*, et chez les Euckes
    Saldun.

(6) D. MARTIN, t. II, p. 223. — DIOD. DE SICILE, p. 309, édit. 1604.
C'est ce qui fait dire à dom Martin, en parlant des reproches que Valère-
Maxime adressait aux Gaulois sur cet usage qu'il appelait : « *Avara et fœne-
ratoria Gallorum philosophia,* » que les Gaulois étaient moins barbares que
les Romains, puisqu'ils attendaient patiemment qu'on leur payât dans l'autre
monde les dettes que leurs vainqueurs exigeaient si cruellement d'eux dans
celui-ci.

lui-même, s'écroulait avec ses hideux débris sur les pierres calcinées, témoins impassibles de ces affreuses cérémonies. Alors le plus proche parent, après avoir lavé ses mains (1), s'approchait des ruines encore fumantes de l'autel funéraire. Il les arrosait de vin et de lait, et recueillait avec soin tout ce qui se trouvait sur la place où avaient dû se consumer les restes du corps. Puis il mettait les cendres dans une urne composée d'une pâte de couleur brune (2) ou dans un vase dont la surface avait été noircie pour la circonstance, et il déposait cette urne dans le fond du tombeau. L'on rangeait alors autour tous les objets que l'on destinait au mort tels que les vases et les armes qui lui avaient servi pendant sa vie, et on y mettait même les restes des porcs, des bœufs et des cerfs que l'on immolait aux dieux-mânes (3).

On complétait ces offrandes en y ajoutant quelques bêtes privilégiées : comme des chiens, dont j'ai retrouvé les ossements, ou bien des oiseaux, des musaraignes, que l'on disposait par couples, comme je l'ai pareillement constaté. Sur ces tristes souvenirs retombaient, enfin, la terre, les cendres et les pierres calcinées du *bustum* (4). Quelquefois l'on appuyait trois de ces dernières, l'une contre l'autre pour indiquer la place du tombeau. Ce petit monument a été rencontré par les ouvriers de M. Huet, qui ne savaient à quoi attribuer son origine, et c'est sous l'un d'eux qu'ils ont trouvé une hache en silex qui a été déposée au musée d'Orléans.

Telles étaient, Messieurs, les cérémonies avec lesquelles on confiait à la terre les cendres de nos aïeux ; autour des restes fumants du bûcher se réunissaient quelques pauvres pour se repaître des débris des victimes qu'on leur abandonnait. Pline, ainsi que Catulle, parle de cet usage qui, suivant Guischard, avait passé de l'Italie dans les Gaules (5).

(1) D. Martin, p. 289.

(2) Boucher de Perthes, p. 509. — *Lettre de M. Ravin.*

(3) Ces animaux jouissaient d'une grande vénération chez les Gaulois ; c'est ce qui explique pourquoi on les trouve souvent représentés sur leurs monnaies. (De Perthes, p. 129).

(4) De Caumont, *Elém. d'arch.*, t. II, p. 270.

(5) Guischard, p. 78.

Age du cimetière. — En vous faisant assister à
des funérailles gallo-romaines, j'ai, pour ainsi dire, récapitulé
devant vous les différents usages dont mes fouilles m'avaient
révélé l'existence. Il me reste, maintenant, pour compléter tout
ce que je dois vous dire sur ce lieu de repos, à vous exposer ce
que je pense de l'époque à laquelle il a dû exister. Lorsque j'examine attentivement la nature de la pâte qui compose les urnes
cinéraires les plus anciennes, leur forme simple et grossière,
l'épaisseur et la cuisson imparfaite de leurs parois, l'absence des
médailles et de toute espèce de métal dans presque toutes ces
tombes, il me paraît évident que les plus anciennes poteries
qu'elles renferment remontent à la même époque que les vases
gaulois de Port-le-Grand que j'ai vus au musée de Sèvres. C'est,
du reste, aussi l'opinion de M. l'abbé Cochet auquel j'ai communiqué ces débris antiques. De plus, si je réfléchis aux usages funéraires signalés par la présence de ces animaux qu'on ne trouve
plus dans les sépultures gallo-romaines, et qui révèlent des habitudes tout à fait gauloises, j'en conclus que quelques-uns de ces
puits remontent à l'époque la plus reculée. Quant aux urnes dont
la pâte est plus fine, elles indiquent, il est vrai, une date plus
rapprochée de la civilisation romaine ; mais leur présence peut
très-bien se concilier avec les usages que dénotent les ossements
d'animaux qui les entourent. Il suffit de se rappeler, en effet, que
Beaugency était dans le pays des Carnutes, au centre du drui-
disme, et que par conséquent, à l'époque où les Romains commençaient à introduire quelques perfectionnements dans la poterie gauloise, les habitants de ces rives de la Loire pouvaient bien
avoir adopté pour leurs sépultures des vases moins grossiers que
ceux de leurs ancêtres, tout en conservant les habitudes funéraires qu'ils leur avaient léguées, et voilà ce qui explique pourquoi, même le vase gallo-romain, nous apparaît encore ici,
escorté de tous les souvenirs des cérémonies funèbres de l'ancienne Gaule. Je puis donc affirmer que ce cimetière, qui a duré
jusqu'à l'extinction du paganisme, a dû commencer au moins

deux siècles avant Jésus-Christ, époque à laquelle les Gaulois ont
pu rapporter de leurs invasions en Italie quelques notions sur
l'art de fabriquer les poteries. Ces dates me paraissent ressortir
aussi de la comparaison des fragments que je possède avec ceux
que j'ai vus dans les musées de la capitale.

Reste, Messieurs, à vous rappeler en peu de mots ce que renferme ce Mémoire : Dans la première partie je vous ai rendu
compte de la manière dont j'avais dirigé mes fouilles, et des
objets divers qu'elles avaient produits ; dans la seconde, j'ai
étudié séparément chacun de ces souvenirs précieux des temps
passés, puis j'ai montré comment ils se rattachaient dans leur
ensemble aux cérémonies funèbres de nos ancêtres : et j'ai cherché enfin à établir les limites extrêmes du temps pendant lequel
ce vaste champ de repos a reçu leurs cendres.

Je ne me suis pas dissimulé, en traçant ces lignes, combien la
voix d'un homme est faible quand elle vient proclamer, après
plus de deux mille ans, des usages effacés depuis si longtemps
du souvenir des peuples. Je sais parfaitement aussi jusqu'où peuvent s'étendre les impressions d'un archéologue qui se lance dans
les vastes régions des hypothèses ; mais je n'ignore pas non plus
que dans toutes les découvertes de ce genre il existe un anneau
rigide et inflexible auquel viennent se rattacher tous les fils qui
dirigent les pensées humaines. Cet anneau, qui résiste à tous les
efforts de l'imagination, qui sert de guide au jugement et de
lumière à l'intelligence, c'est *le fait*. A Beaugency comme ailleurs,
que ce soient des Gaulois ou des Romains qui aient confié ces
urnes à la terre, qu'elles renferment les cendres des vainqueurs
ou des vaincus, que ces nombreux débris d'animaux soient des
caractères mystérieux, des restes de festins ou de sacrifices, et
ces haches, des instruments de guerre ou de religion ; il n'y en a
pas moins un fait qui domine tout. Ce fait est que sous le flanc
de cette colline il existe un banc calcaire ; que cet énorme rocher
est percé de puits nombreux et profonds où reposent depuis
soixante générations des cendres humaines renfermées dans des
urnes plus ou moins grossières ; qu'autour de ces urnes sont
groupés des armes en silex et des ossements d'animaux ensevelis
eux-mêmes sous une couche épaisse de cendres et de charbons,
sur laquelle s'élève une voûte épaisse de terre et de pierres calci-

nées. Voilà, Messieurs, ce qui a été constaté vingt-neuf fois dans la petite étendue de terrain que j'ai explorée (1) ; et voilà ce que l'on pourra reconnaître encore quand on le jugera convenable ! Je regarde cette découverte comme dans l'enfance, et je ne doute pas un seul instant que s'il m'eût été possible de continuer mes fouilles, je n'eusse trouvé encore d'autres sépultures. Nous tenons donc entre nos mains un coin du voile qui couvre le berceau de Beaugency ; car partout où il existe un cimetière dans lequel le luxe des funérailles et la multiplicité des tombes, dénote la richesse et le nombre de ceux qui y sont ensevelis, il a dû exister aussi un centre de population considérable et une ville importante. Chaque tombeau est une page de son histoire ; le livre est là, d'autres le parcourront bientôt peut-être, car nous sommes à une époque où l'on commence à s'occuper sérieusement de tous les souvenirs de notre ancienne Gaule ; et si la découverte d'un village celtique signalé par César fait époque dans la science, je crois que celle d'une cité gauloise qui a échappé à la plume du général romain ne mérite pas moins d'intérêt.

Quant à moi, Messieurs, mon but est atteint. Le hasard m'avait fait faire cette découverte, le désir de répondre à vos vues en cherchant à apprécier son importance, m'a fait surmonter les obstacles de tout genre que j'ai rencontrés sur mon passage et dont je n'aurais jamais triomphé sans le bienveillant appui de M. le maire de Beaugency et surtout sans le généreux concours de M. le maire d'Orléans. Je ne crois donc pouvoir mieux terminer un travail au succès duquel ils ont tant contribué, qu'en leur exprimant en votre nom et au mien les sentiments de notre profonde reconnaissance pour le service qu'ils ont rendu à l'archéologie orléanaise.

(1) Cette portion n'est que de vingt ares.

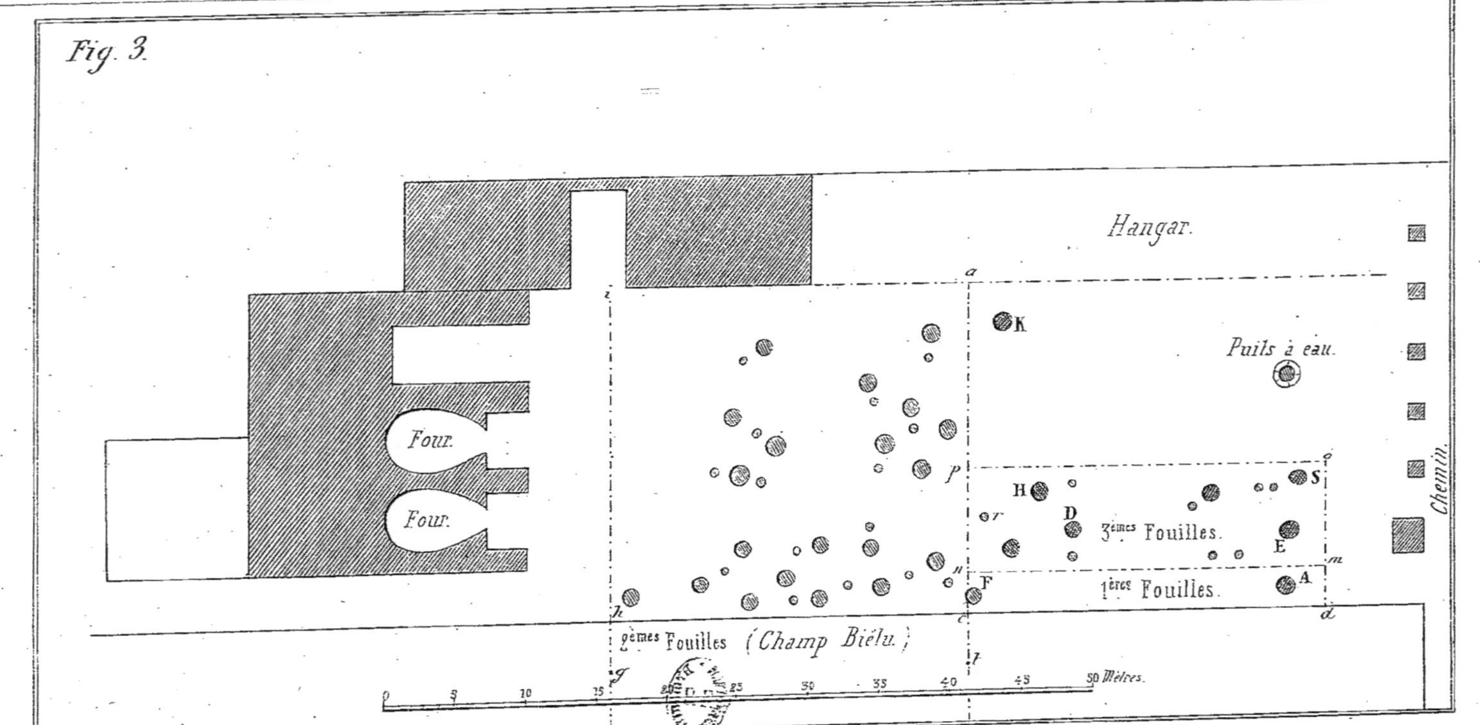

1858.
Mémoires de la Société d'Agriculture, Sciences, Belles-Lettres et Arts d'Orléans.
Lith. Paguerre à Orléans.

Fig. 1.
B

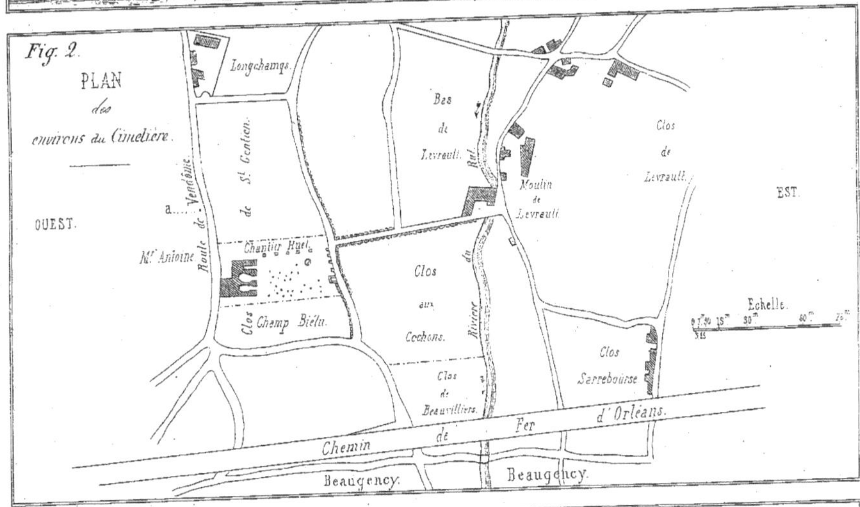
Fig. 2.
PLAN
des
environs du Cimetière.
OUEST.
EST.
Longchamps.
Bas
de
Levrault.
Clos
de
Levrault.
Moulin
de
Levrault.
Route de Vendôme.
de St. Gentien.
a
Mᵗ Antoine
Chantier Huet.
Clos Champ Biélu.
Clos
aux
Cochons.
Rivière du
Clos
de
Beauvilliers.
Clos
Sarrebourse.
Échelle.
Chemin   de   Fer   d'Orléans.
Beaugency.   Beaugency.

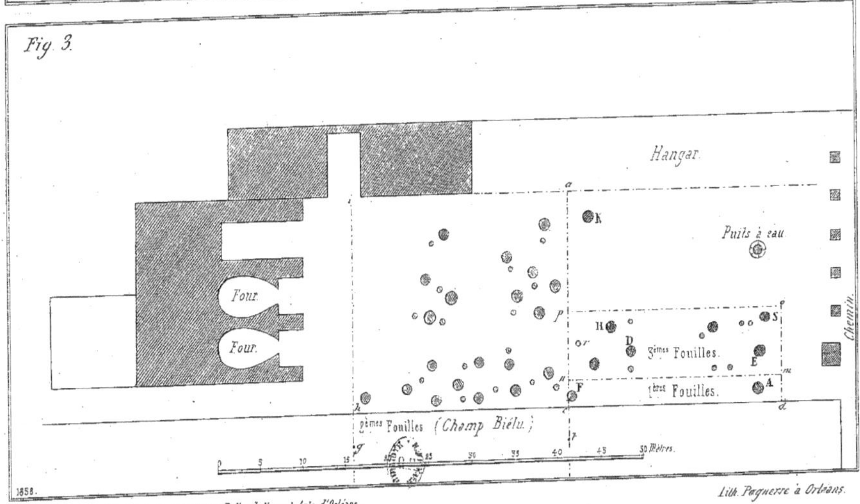
Fig. 3.
Hangar.
Puits à eau.
Four.
Four.
Chemin.
K
H
D
S
E
F
A
2ᵉᵐᵉˢ Fouilles.
1ʳᵉˢ Fouilles.
3ᵉᵐᵉˢ Fouilles (Champ Biélu.)
5   10   15   20   25   30   35   40   45   50 Mètres.

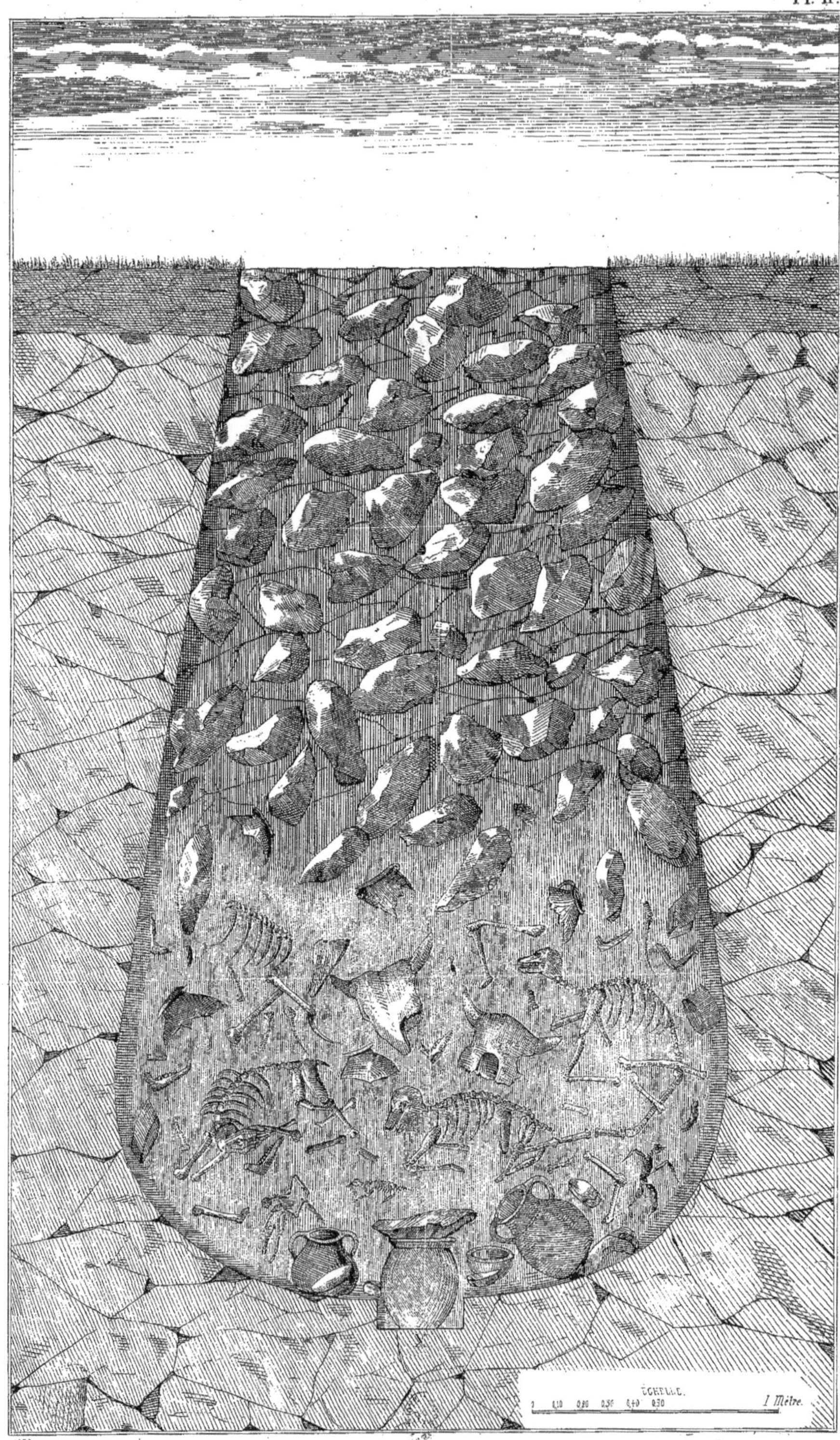
ÉCHELLE.
0,10 0,80 0,30 0,40 0,50
1 Mètre.

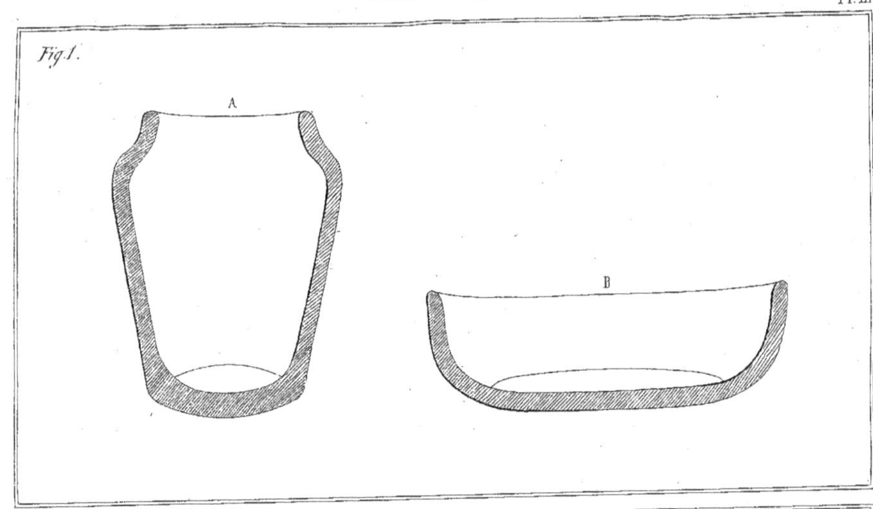

Fig.1.
A
B

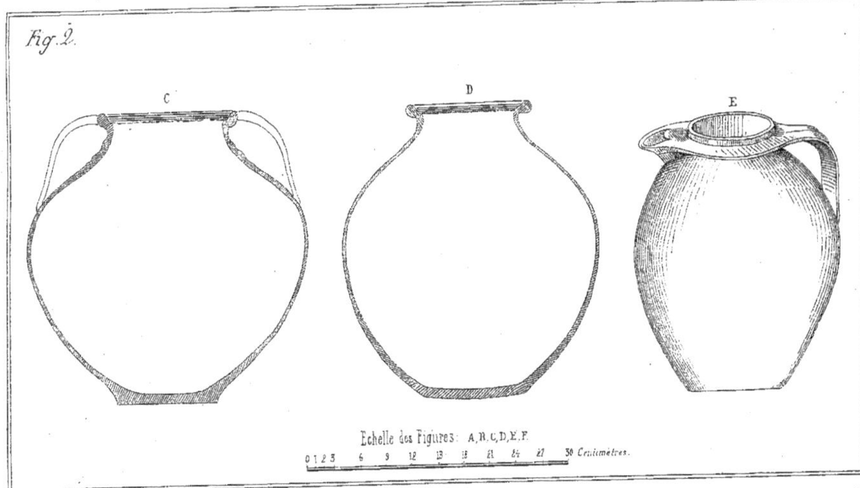

Fig.2.
C
D
E
Echelle des Figures: A, B, C, D, E, F.
0 1 2 3   6   9   12   15   18   21   24   27   30 Centimètres.

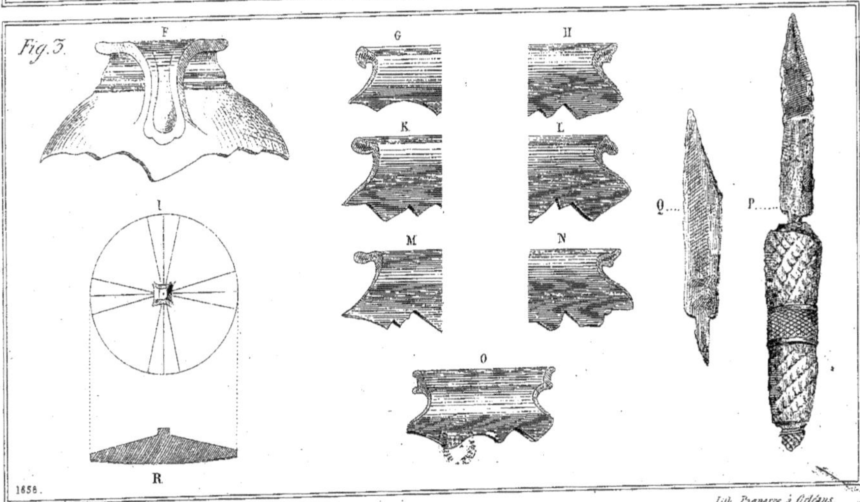

Fig.3.
F
G
H
K
L
M
N
I
O
Q
P
R
1856.